AF628829

Vitali Konstantinov

ES STEHT GESCHRIEBEN

Von der Keilschrift zum Emoji

GERSTENBERG

INHALT

Kapitel 1

Sprechen – Zeichnen – Schreiben

SCHREIBEN
ist die wichtigste Kulturtechnik von uns Menschen. Sie wurde vor etwa 5500 Jahren erfunden.
Chinesen haben vor 10 000 Jahren die Schrift erfunden!
Hahaha! So 'n Quatsch! Wir schreiben bereits seit 30 000 Jahren!
Heute tippen wir meistens.
ماذا تفعل؟
278
שלום!
28
Γεια σας!
ஹலோ!
Über 200 Milliarden E-Mails pro Tag!
Как дела?
Mein Prinz, wie geht es Euch seit so viel Tagen?
Dank untertänigst; wohl,
wohl,
wohl.
98
156
962
Um ungefähr so viel zu schreiben, wie in den vergangenen 5500 Jahren zusammengenommen,
brauchen wir heute dank Internet nur zwei Tage.
90-100%
90-100%
50-70%
20-40%
~90%
95%
In alten Zeiten konnten nur wenige privilegierte Menschen lesen und schreiben. Noch im 20. Jh. war etwa die Hälfte der Europäer Analphabeten. Und auch heute gibt es Länder, in denen viele Leute weder lesen noch schreiben können.
Internet und Mobiltelefone brachten weltweit auch Menschen in Ländern ohne Schrifttradition mehr Möglichkeiten, zu lesen und zu schreiben. Viele Völker, die nie eine Schreibkultur hatten, senden sich plötzlich Nachrichten.
Mittlerweile haben mehr Menschen Zugang zu einem Mobiltelefon als zu einer Toilette!

KODIERUNG
Damit ein Computer oder ein Mobiltelefon lesen und schreiben kann, muss jedes Zeichen als CODE gespeichert werden. Die ersten Geräte hatten wenig Speicherplatz: Er reichte nur für die Buchstaben des lateinischen Alphabets und ein paar Sonderzeichen. Jedes System hatte eine eigene Kodierung – es herrschte Chaos.
ПРЕВЕД
1000001
A
Von einem Computer zum anderen wird nur die Idee eines ZEICHENS, die im Code gespeichert ist, geschickt.
a
GLYPHE: die konkrete grafische Darstellung des Zeichens auf dem Endgerät
Oder auch nicht.
JIS
EURO
ΕΥΡΩ
ЕВРО
E
Und manchmal steht die gleiche Glyphe für mehrere Zeichen:
– lateinisches E (U+0045)
– griechisches Epsilon (U+0395)
– kyrillisches E (U+0415)
1991 wurde das Unicode-Konsortium gegründet, eine internationale Organisation für einen gemeinsamen weltweiten Zeichen-Codierungs-Standard. Jedes Zeichen bekommt hier seinen eigenen Code. Ziel der Organisation ist es, alle existierenden Schriften und Sprachen der Welt auf allen Geräten und Betriebssystemen zu ermöglichen. Auch historische, neu erfundene oder nur von sehr kleinen Gruppen benutzte Schriftsysteme werden aufgenommen. Jedes Jahr erscheint eine neue Version.
Äthiopische Schrift: Unicode 1999, auf dem Mobiltelefon seit 2007
UNi
UNICODE CONSORTIUM
Batak: Unicode 2010
Cherokee: Unicode 1999
Seit 1996 gibt es für 1 114 112 Codepunkte Platz!
Ägyptische Hieroglyphen: Unicode 2009
Unicode 12.0 (2019): 150 Schriftsysteme mit insgesamt 137 929 Zeichen
Jeder darf einen Vorschlag einreichen.
2010 wurden nach langer Diskussion die EMOJIS aufgenommen.
Nein! Das geht zu weit! Wir haben genug von euch.
Darf ich auch?
Warum?
Um ein bestimmtes Schriftsystem zu nutzen, muss man die entsprechende Tastatur aktivieren oder im Sonderzeichen-Menü stöbern. Dann kann man auf Russisch oder Japanisch tippen. Will man seltene Schriftsysteme nutzen, muss man erst den passenden Font (die digitale Fassung einer Schrift) finden, herunterladen und auf seinem Gerät installieren. Danach ist es möglich, auch in Keilschrift oder auf Klingonisch zu mailen und zu simsen!

SCHRIFTSYSTEME
LOGOGRAMME (WORTZEICHEN)
Piktogramme (Bildzeichen)
Ideogramme (Ideenzeichen)
1 Zeichen = 1 Objekt
Schädel
Eule
Anker
Herz
1 Zeichen = 1 Idee / Begriff
Liebe
Hoffnung
Weisheit
Tod
Alte und moderne chinesische Zeichen:
日 月 人 心 錨 梟
Sonne
Mond
Mensch
Herz
Anker
Eule
Ideenzeichen kann man nicht sofort verstehen, man muss die Bedeutung lernen. Ähnlich ist es mit unseren Zahlen: Alle verstehen das Zeichen, aber in jeder Sprache heißt es anders:
qī
seven
sieben
pito
sette
7
doloon
ilgob
shvidi
sedan
bakwai
nana
shtatë
yedi
tujuh
DETERMINATIVE in antiken Schriftsystemen werden nicht gelesen, sie weisen nur auf die genauere Bedeutung hin. Dieses altägyptische Zeichen deutet auf die Tätigkeiten hin, die etwas mit Gedanken und Gefühlen zu tun haben.
MR
W
R
T
Mr r w t = Liebe
Schon sehr bald reichten die Einzelzeichen nicht mehr aus und man begann, sie zu kombinieren, um weitere Bedeutungen zu schaffen.
Moderne gebräuchliche Wortzeichen:
§ $ £ © € B
爪 Kralle, 冖 Dach, 心 Herz, 夂 Fußabdruck
愛
Liebe
Logogramme könnten ein universales Schriftsystem für die ganze Menschheit werden!
Das ist eine geniale Idee, Schatz!
Claire Bliss
CHARLES K. BLISS (1897–1985) erfand eine „Internationale Semantographie", aber sie fand nur wenig Verbreitung.
Gefühl
Glück
traurig
lachen
Mund
Ohr
Sprache
Übersetzung
GS
P
重隆栗田
Ich hätte nie gedacht, dass das auch außerhalb Japans funktioniert.
I ♥ U
Emoji-Erfinder SHIGETAKA KURITA
OXFORD ENGLISH DICTIONARY, das wichtigste Wörterbuch der englischen Sprache, hat 2011 das Zeichen ♥ aufgenommen und 2015 sogar ein Emoji als Wort des Jahres gewählt.
Ich?! Ein Wort?! Ich lach mich tot!
Und was ist mit mir?
WORD OF THE YEAR

PHONOGRAMME (Lautzeichen)

Schon bald reichten auch die Wortzeichen zur Verständigung nicht mehr aus. Man fing an, sie nach ihrem Klang zu kombinieren, wie in einem Bildrätsel oder Rebus. So konnte z. B. das ägyptische Zeichen für Eule (etwa „mewled" auf Altägyptisch) für den Laut „m" genommen werden.

Auflösung dieses bekannten Rebus auf Seite 71

Um ausländische Namen zu schreiben, benutzen Chinesen Wortzeichen mit ähnlichem Klang als Lautzeichen.

Logogramme werden zu Phonogrammen!

SILBENZEICHEN (Syllabogramme)

Bei einer Silbenschrift gibt ein Zeichen eine Silbe wieder. Zwei japanische Schriftarten sind Silbenschriften.

か	き	く	け	こ
ka	ki	ku	ke	ko

ABUGIDAS

sind den Silbenschriften ähnlich: Ein Zeichen steht für eine Silbe, nur werden die Vokale durch Modifikationen eines Grundzeichens angedeutet.

Äthiopische Schrift

ካ	ኪ	ኩ	ኬ	ኮ
ka	ki	ku	ke	ko

Indische Schriften

का	कि	कु	के	को
ka	ki	ku	ke	ko

ABJADS (Konsonantenschriften)

أبجد

אבגד

Ein reiner Konsonantentext kann TRTZDM VRSTNDLCH sein, oder? In manchen Sprachen, z. B. semitischen, beeinflussen die Vokale das Verständnis noch weniger. Historisch bildeten sich Konsonantenschriften für solche Sprachen. Vokale werden nur manchmal mit kleinen Hilfszeichen angedeutet.

ALPHABETE

1 Zeichen = 1 Laut – im Idealfall

Vokale und Konsonanten werden mit gleichwertigen eigenen Zeichen gezeigt. Dieses effektivste und erfolgreichste System ist durch die historische Entwicklung aber doch nie ganz konsequent. Viele Sprachen verwenden Alphabete, die gar nicht für sie geschaffen wurden.

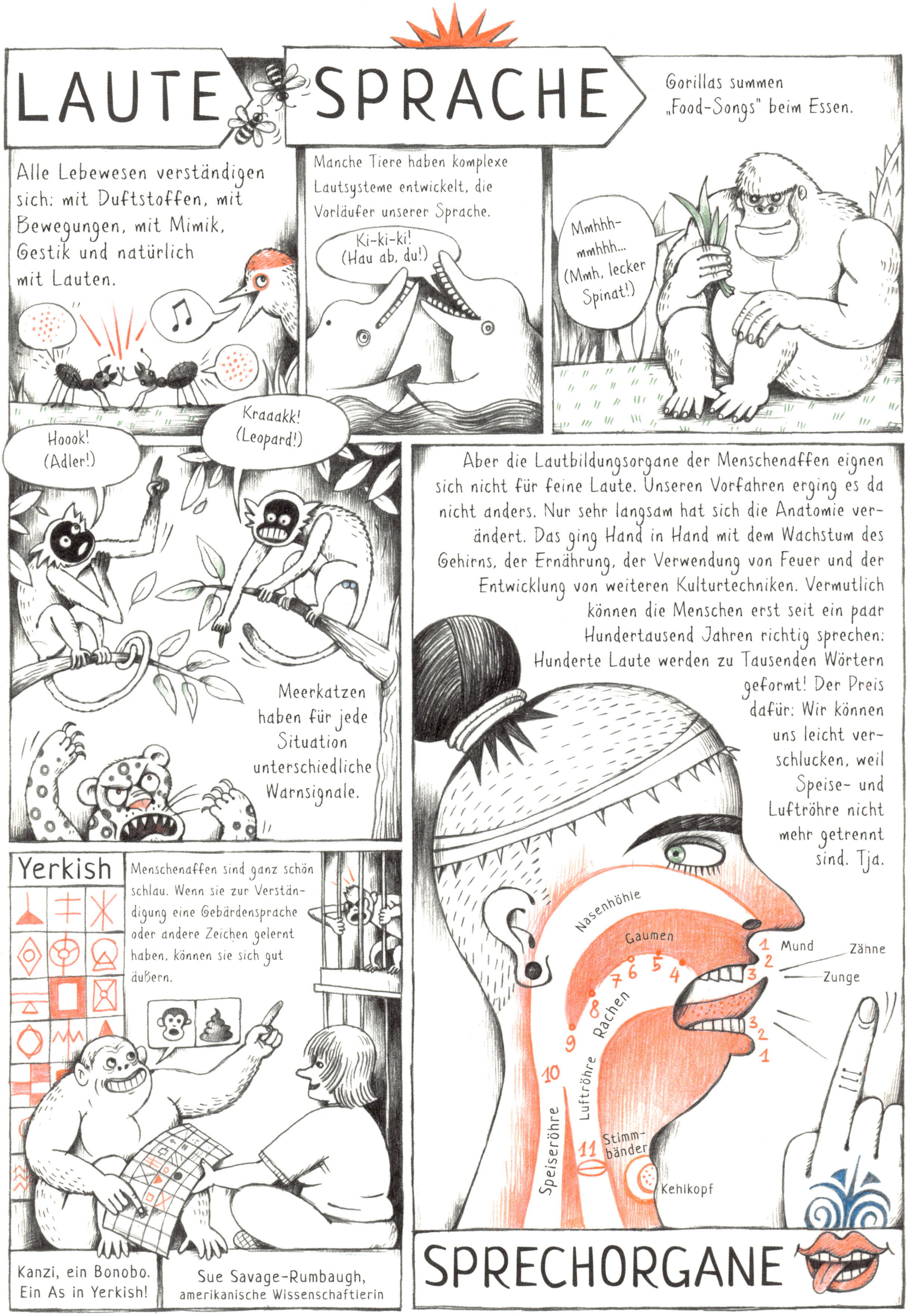
LAUTE SPRACHE
Gorillas summen „Food-Songs" beim Essen.
Alle Lebewesen verständigen sich: mit Duftstoffen, mit Bewegungen, mit Mimik, Gestik und natürlich mit Lauten.
Manche Tiere haben komplexe Lautsysteme entwickelt, die Vorläufer unserer Sprache.
Ki-ki-ki! (Hau ab, du!)
Mmhhh-mmhhh... (Mmh, lecker Spinat!)
Hoook! (Adler!)
Kraaakk! (Leopard!)
Meerkatzen haben für jede Situation unterschiedliche Warnsignale.
Aber die Lautbildungsorgane der Menschenaffen eignen sich nicht für feine Laute. Unseren Vorfahren erging es da nicht anders. Nur sehr langsam hat sich die Anatomie verändert. Das ging Hand in Hand mit dem Wachstum des Gehirns, der Ernährung, der Verwendung von Feuer und der Entwicklung von weiteren Kulturtechniken. Vermutlich können die Menschen erst seit ein paar Hundertausend Jahren richtig sprechen: Hunderte Laute werden zu Tausenden Wörtern geformt! Der Preis dafür: Wir können uns leicht verschlucken, weil Speise- und Luftröhre nicht mehr getrennt sind. Tja.
Nasenhöhle
Gaumen
Mund
Zähne
Zunge
Rachen
Luftröhre
Speiseröhre
Stimmbänder
Kehlkopf
1 2 3 4 5 6 7 8 9 10 11
SPRECHORGANE
Yerkish
Menschenaffen sind ganz schön schlau. Wenn sie zur Verständigung eine Gebärdensprache oder andere Zeichen gelernt haben, können sie sich gut äußern.
Kanzi, ein Bonobo. Ein As in Yerkish!
Sue Savage-Rumbaugh, amerikanische Wissenschaftlerin

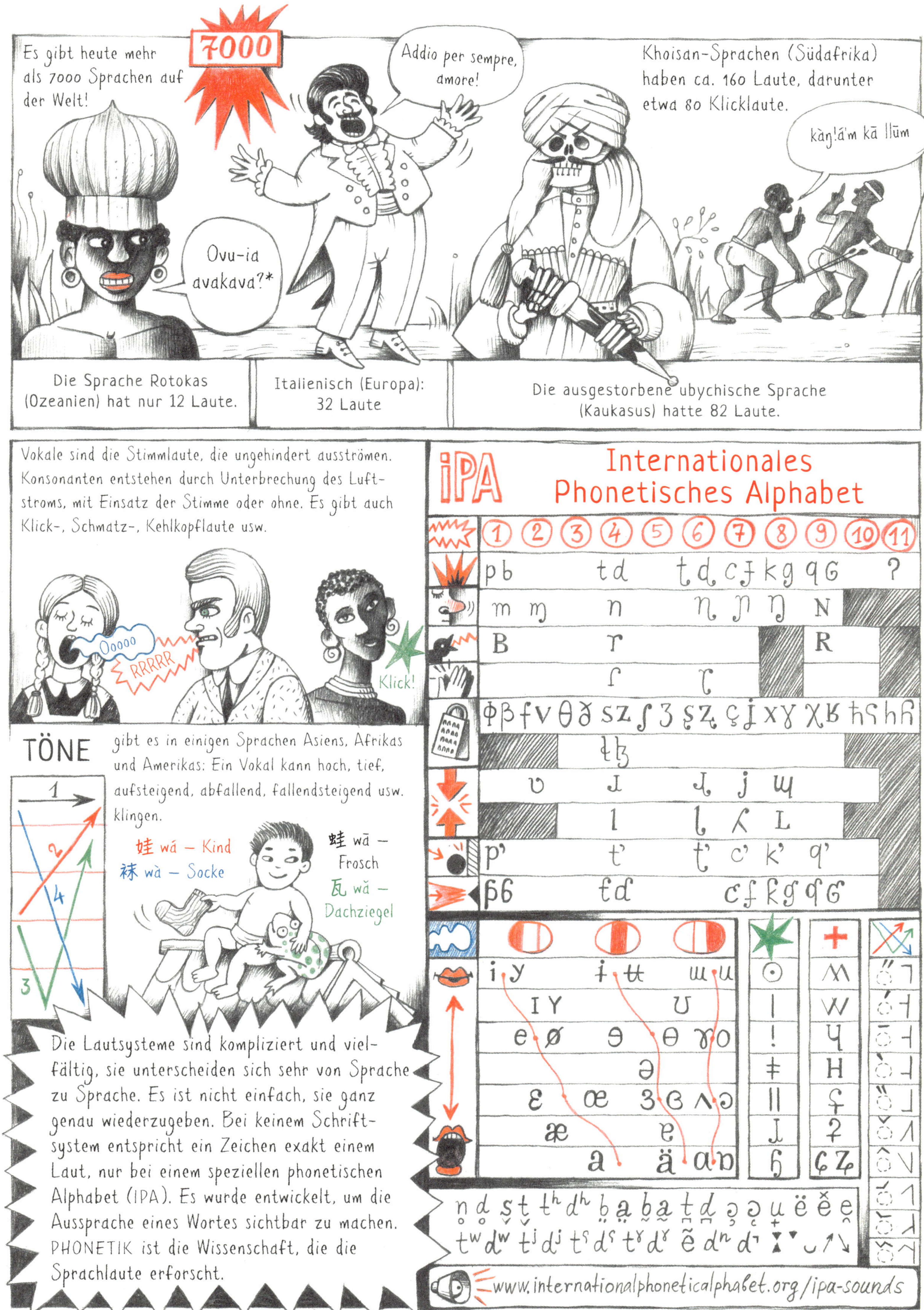

* Übersetzung der Sprechblasen S. 71

ANFÄNGE DES SCHREIBENS

Liebesgrüße auf Birkenrinde
Die schriftlosen Völker Sibiriens und Nordamerikas haben sich Nachrichten auf Birkenrinde, Holz oder Leder geschickt. Mit solch einem Wiigwaasabak lud z. B. ein Ojibwe-Mädchen aus dem Bären-Klan einen Jungen aus dem Molchen-Klan ein, sie zu besuchen:
Frauen des Jukagiren-Volkes in Sibirien hatten ihr eigenes System, Liebesbotschaften zu verfassen.
Kekinowin/Walam Olum
Die Ureinwohner Nordamerikas versuchten, auch ohne Schrift alles Wichtige festzuhalten. Magische Gesänge musste man auswendig lernen. In Holz geritzte Zeichen dienten dabei als Gedächtnisstütze. Jedes Zeichen der Bilderschrift (Kekinowin bei den Ojibwe, Walam Olum bei den Delawaren) beinhaltete eine ganze Strophe. Das ist eine Bilder-Merktechnik – ein Vorläufer des Schreibens.
Nah-ne-bah o-sa dun neen-no
Häuptling Tamanend
William Penn
1683
Ein Perlengürtel genügte den Delawaren, um mit den Engländern einen Vertrag über die Gründung von Pennsylvania zu schließen.
Jesus ist gekommen, um euch von euren Sorgen zu befreien!
Das klingt doch interessant. Wir brauchen dieses Buch!
Alaska um 1900
Herrnhuter-Missionare besuchen das Yupik-Volk.
Der Schamane Uyakoq erfand ein System, um die biblischen Geschichten „aufzuschreiben".

STEINZEIT-REVOLUTION
Jahrtausendelang zogen die Menschen in kleinen Gruppen als Jäger und Sammler umher.
Vor etwa 12 000 Jahren wurden die Menschen vielerorts sesshaft und begannen, Viehzucht und Ackerbau zu betreiben.
Das Jagen ist so mühsam! Wir können die Schafe auch in einem Pferch halten!
Anstatt tagelang durch die Steppe zu irren und essbare Pflanzen zu suchen, ist es doch einfacher, sie an einem Ort anzupflanzen!
Rind 8000 v. Chr.
Ziege 9000 v. Chr.
Schaf 9000 v. Chr.
Schwein 8000 v. Chr.
Esel 5000 v. Chr.
Viele Tiere wurden domestiziert, neue Lebensmittel entstanden.
Emmer
Einkorn
Gerste
Brot
Käse
Bier
In Amerika hielten die Menschen keine Nutztiere, dafür bauten sie wesentlich mehr Kulturpflanzen an.
Keine Nutztiere?! Und was ist mit uns Meerschweinchen?!
Schokolade
Die Siedlungen wurden immer größer, was neue Herausforderungen mit sich brachte: Neue Berufe entstanden, Planung und Verwaltung wurden notwendig.
Kornspeicher zogen viele Mäuse an. Wo Mäuse sind, sind auch Katzen! Die Zivilisation war perfekt!
Vermutlich dienten die Bein-Etiketten aus Abydos, Ägypten, als Eigentums- oder Inventurmarken. Aber vieles, was Archäologen z. B. als solche Grabbeigaben in Königsgräbern finden, bleibt rätselhaft.

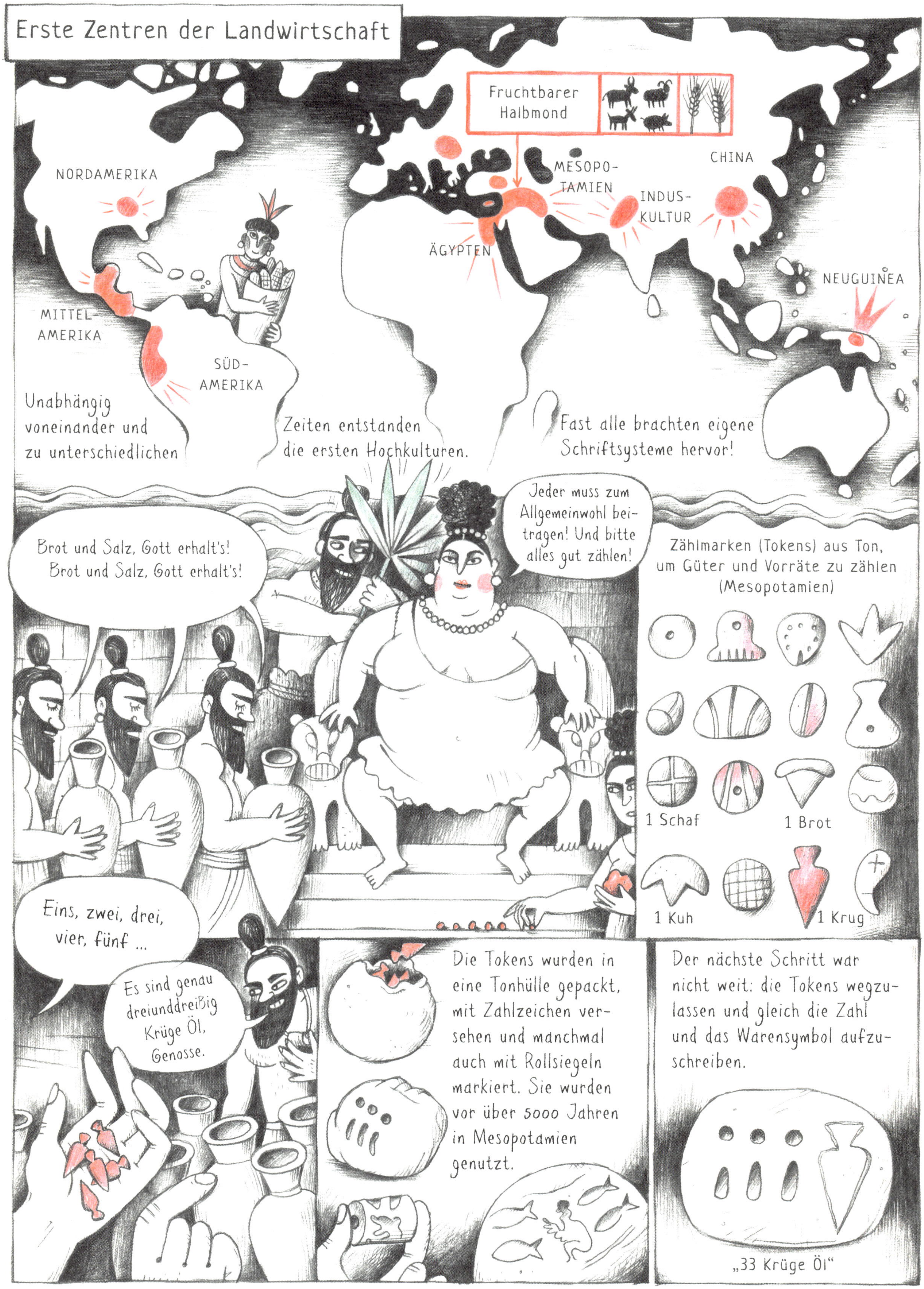
Erste Zentren der Landwirtschaft
Fruchtbarer Halbmond
NORDAMERIKA
MITTEL-AMERIKA
SÜD-AMERIKA
ÄGYPTEN
MESOPO-TAMIEN
INDUS-KULTUR
CHINA
NEUGUINEA
Unabhängig voneinander und zu unterschiedlichen
Zeiten entstanden die ersten Hochkulturen.
Fast alle brachten eigene Schriftsysteme hervor!
Brot und Salz, Gott erhalt's! Brot und Salz, Gott erhalt's!
Jeder muss zum Allgemeinwohl beitragen! Und bitte alles gut zählen!
Zählmarken (Tokens) aus Ton, um Güter und Vorräte zu zählen (Mesopotamien)
1 Schaf
1 Brot
1 Kuh
1 Krug
Eins, zwei, drei, vier, fünf ...
Es sind genau dreiunddreißig Krüge Öl, Genosse.
Die Tokens wurden in eine Tonhülle gepackt, mit Zahlzeichen versehen und manchmal auch mit Rollsiegeln markiert. Sie wurden vor über 5000 Jahren in Mesopotamien genutzt.
Der nächste Schritt war nicht weit: die Tokens wegzulassen und gleich die Zahl und das Warensymbol aufzuschreiben.
„33 Krüge Öl“

Kapitel 2

Erste Schriften der Welt

KEILSCHRIFT
Erst in einer Stadt wurde das Schreiben wirklich notwendig. Das Leben wurde immer komplizierter: Handel, Handwerk, Verwaltung, Steuer und Statistik kamen auf.
Die ersten geschriebenen Dokumente der Menschheit entstanden in Sumer vor etwa 5500 Jahren und waren ... Quittungen und Warenlisten.
Hey, du schuldest mir noch was!
Ich bringe dir eine Ziege, schreibst du mir bitte einen Beleg?
Gut. Ich schreibe es auf. Gilt als Steuer für dieses Jahr ...
Hier, ein Sack Gerste von Engar aus Ebru ...
(Uruk – vielleicht die erste Großstadt der Welt)
Lehm gab es überall.
Man formte ein Täfelchen ...
... und schrieb mit Schilfstäbchen.
KEILSCHRIFT, LOGOGRAMME
Wort
schreiben
Hand
Himmel
Wasser
Ding
Vogel
Fisch
Freiheit
Fuß:
Ziege:
Im Laufe der Jahrhunderte entwickelten sich die Zeichen weiter.
Schreiber wurde zu einem wichtigen Beruf!
AKKADISCHE SILBENZEICHEN
A
I
YA
U
BA
UM
AN
EN
MA
IZ
IN
UR
NUN
IR
ZA
TUK
Wenn er den Knochen eines Mannes gebrochen hat, sollt ihr ihm auch einen Knochen brechen.
Und da kam er, der König der Helden, der Herrscher von Uruk, der große Gilgamesch ...
Erste GESETZE wurden verfasst wie der Kodex Hammurapi, benannt nach König Hammurapi I. von Babylon (1792–1750 v. Chr.)
Später entstanden auch literarische Werke, z. B. das berühmte Gilgamesch-Epos.
Etwa 1000 Keilschrift-Zeichen sind bekannt.

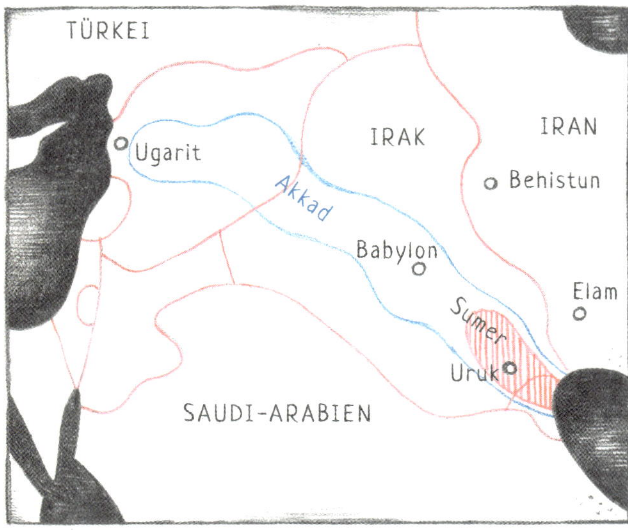

In Sumer entstanden, breitete sich die Keilschrift in den nächsten Jahrhunderten auch unter den Nachbarvölkern aus und wurde an unterschiedliche Sprachen angepasst. Ein und dasselbe Zeichen diente mal als Wort-Zeichen, mal als Laut- oder Silbenzeichen. Manchmal wurde dabei der ursprüngliche Klang aus dem Sumerischen übernommen. Es herrschte also ein ziemliches Wirrwarr. Bis man in der Stadt Ugarit auf die Idee kam, jeweils ein Zeichen für einen Laut zu benutzen!

UGARITISCHES ALPHABET (ca. 1400 v. Chr.)

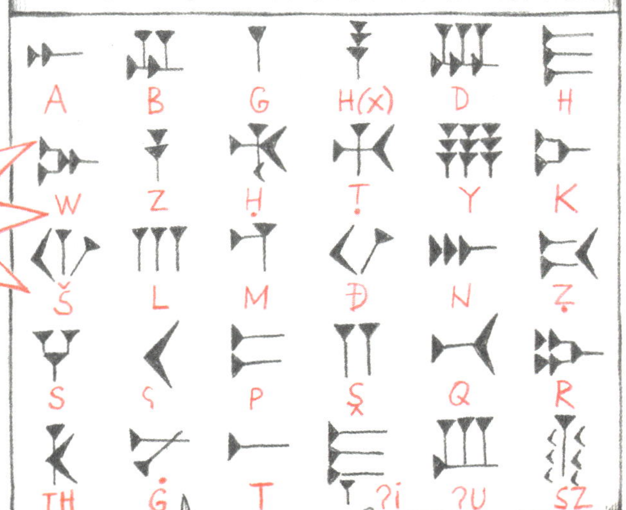

Henry Rawlinson (1810–1895) kopierte eine dreisprachige Inschrift in Behistun und entzifferte damit die altpersische Keilschrift.

ALTPERSISCHE KEILSCHRIFT (525–330 v. Chr.)

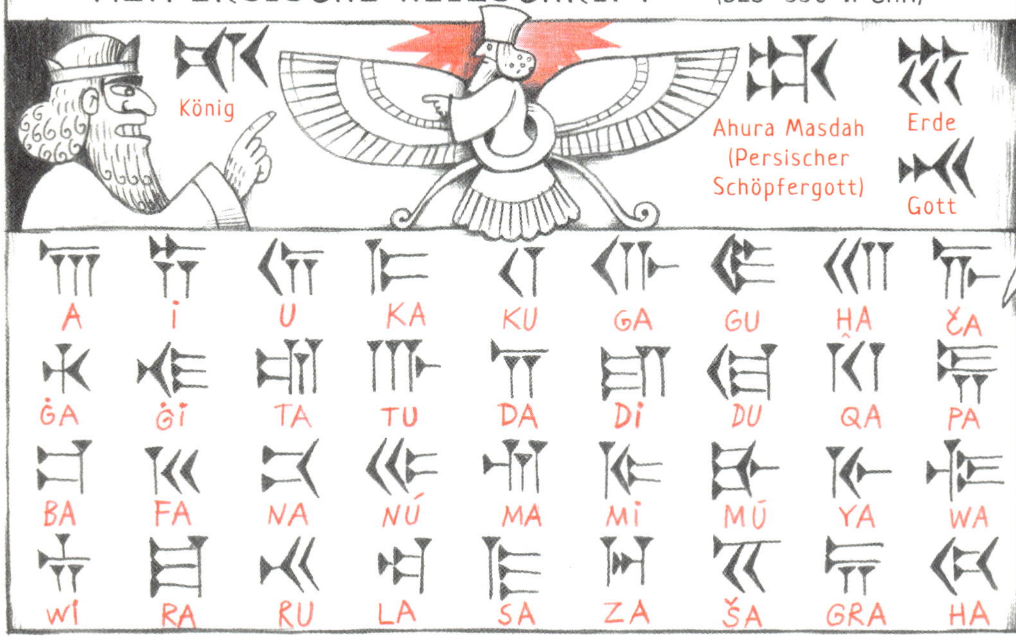

Die Keilschrift war etwa 3500 Jahre lang in Gebrauch. Das letzte bekannte Dokument stammt aus dem Jahr 75 n. Chr. 2004 haben drei internationale Fachwissenschaftler die Keilschrift für die digitale Nutzung codiert. Damit ist sie auch computertauglich.

ÄGYPTEN

HIEROGLYPHEN
HIERATISCHE SCHRIFT
DEMOTISCHE SCHRIFT

Die Hochkultur des Alten Ägypten bestand etwa 4000 Jahre lang und brachte ein komplexes Schriftsystem hervor: die monumentalen bildhaften Hieroglyphen, meist in Stein gemeißelt, und von ihnen abgeleitet die kursive hieratische Schrift für Texte auf Papyrus.

Thot, Gott der Weisheit, gilt als Erfinder der Schrift. König Thamus, eine Figur des Philosophen Platon, ist äußerst skeptisch.

Der Beruf des Schreibers war auch in Ägypten sehr angesehen.

Insgesamt gab es ca. 7000 Zeichen, die sowohl als Logogramme als auch als Phonogramme benutzt wurden.

Logogramme	3 Konsonanten:	2 Konsonanten:
schreiben	bjt	ḏd
Elefant	dw3	ḏ3
Geist	grẖ	ḥb
Pavian / wütend sein	ẖ3w	ḥm
geben	ẖpš	ḥs
	jʿḥ	jr
	jw3	mj
	mjw	mn
	nḏs	mr
	nsw	ms
	šnw	p3
	sšn	sš
	w3ḏ	w3
	wsr	

24 Zeichen geben einen Laut wieder und bilden eine Art Abjad.

3	ḥ
i	ḫ
ij	ẖ
c	s
w	š
b	ḳ
p	k
f	g
m	t
n	ṯ
r	d
h	ḏ

Manchmal dienten Hieroglyphen nur als Deutzeichen (Determinative) und wurden nicht mitgelesen. Etwa so:
SCHF Schaf
HND Hund
SCHF Schiff
HND Hand
Zeichen-Gruppe: Mann + Frau + Mehrzahl-Zeichen = Leute
Die hieratische Schrift entstand durch schnelles Kritzeln der Zeichen auf Papyrus.
Die vereinfachte demotische Schrift (Volksschrift) entstand im 7. Jh. v. Chr. und wurde im Alltagsleben benutzt. Es gab etwa 270 Zeichen, aber die Zeichen für die Einzellaute waren besonders beliebt.
Also, hier hast du deinen Beleg.
Ägypten verlor seine Unabhängigkeit und Griechisch verdrängte die alten ägyptischen Schriftsysteme, woraufhin sie in absolute Vergessenheit gerieten.
Die letzte demotische Inschrift stammt aus dem Jahr 452.
DEMOTISCH
á i e y ʿ w b p f
m n r l h ḥ ḫ ẖ ẖ
s š q k g t ṯ ṯ ḏ
Rosetta-Stein: 1799 von französischen Soldaten bei Napoleons Ägypten-Feldzug entdeckt.
ما هذا؟
Wow, was für 'n Brocken!
Warte mal! Der ist ja uralt! Und die Inschrift scheint in drei Sprachen zu sein! Unten ist's auf jeden Fall Griechisch!
Ich schwöre, ich löse dieses Rätsel! Ob die altägyptische Sprache dem heutigen Koptischen ähnlich war?
Jean-François Champollion, genialer Sprachwissenschaftler (1790–1832)
P T L (UA) M Y S
Q L j P W Á D R T
RA M S S
Im griechischen Text stand der Name des Pharaos ΠΤΟΛΕΜΑΙΟΣ. Dieser Ptolemaios war sogar ein Grieche! Als weiterer Königsname war Kleopatra genannt. Das war der Durchbruch!
Champollion fand damit den Schlüssel, die ägyptische Version zu lesen und die Hieroglyphen zu entschlüsseln, zuerst den Namen des Pharaos Ramses: Er besteht aus dem Logogramm für die Sonne (=Ra) und den phonetischen Zeichen. Und so ging es weiter, Zeichen für Zeichen.
Nach und nach gelang es den Wissenschaftlern, die vergessene Sprache zu entziffern. Sir Alan Gardiner (1879–1963) stellte eine Liste der wichtigsten 763 Hieroglyphen zusammen. Diese Liste ist Grundlage für die Unicode-Version. 1071 altägyptische Zeichen sind kodiert und können auf dem Computer verwendet werden!

OSTASIATISCHE SCHRIFTSYSTEME
Noch ein bisschen Geduld! Bald ist es fertig!
CHINA 中國 gehört zu den Geburtsstätten der Zivilisation. Vieles, auch eine eigene Schrift, wurde hier erfunden.
Frühe Inschriften fand man auf Schildkrötenpanzern und Tierknochen, Tausende Jahre alt. Die ältesten Schriftzeichen sind einfache Piktogramme und Logogramme.
Ein kleines Zeichen erzählt mir, was für ein Tier oder Vogel hier war ... Ein Zeichen ... Welch interessante Idee ...
目
月
山
Für komplizierte Begriffe nutzte man unter anderem Klangähnlichkeit (Rebus-Prinzip), Lautmalerei und Zeichen-Kombinationen.
意[yì] (Idee) + 大[dà] (groß) + 利[lì] (Profit) =
意大利 [Yìdàlì] – Italien
火[huǒ] (Feuer) + 车/車[chē] (Wagen) =
火车 [火車] [huǒchē] – der Zug
倉頡
Cang Jie (ca. 2650 v. Chr.)
Allerdings gibt es nicht nur eine, sondern zehn chinesische Sprachen!
chá
Jin
Han (Mandarin)
Hui
Wu
Jiang
Gan
Min
Hakka
Yue
茶
Tee
zo
dzo
ta
tshá
Zur Besonderheit des Chinesischen gehört, dass die Wörter meist einsilbig sind, viele ähnlich klingen und dass es keine Veränderung der Form gibt. Das begünstigte die Erhaltung der logografischen Zeichen. Der Satz „Versuch, dies zu erklären!" klingt auf Mandarin wie „Shì shì shì shì!" – alle Wörter klingen gleich! Aber die Zeichen für sie sind verschieden:
試釋是事!
目 mù – das Auge
暮 mù – die Abenddämmerung
MÙ
木 mù – der Baum
幕 mù – das Zelt
R.I.P.
墓 mù – das Grab
睦 mù – friedlich
Am Abort sind die Ratten böse und dreckig, im Speicher satt und glücklich, Majestät.
Bringt das Land in Ordnung! Alles soll gleich aussehen! Und baut eine Mauer um das ganze Reich! Alle Bücher sollen verbrannt werden. Wir schreiben alles neu! Auch die Schriftzeichen sollen einheitlich und einfach sein!
Kanzler Li Si (280–208 v. Chr.)
Erster Kaiser Qin Shi Huang Di (259–210 v. Chr.)
Das erste chinesische Lexikon wurde 121 n. Chr. von dem Gelehrten Xu Shen veröffentlicht: Es umfasste 9353 Zeichen!

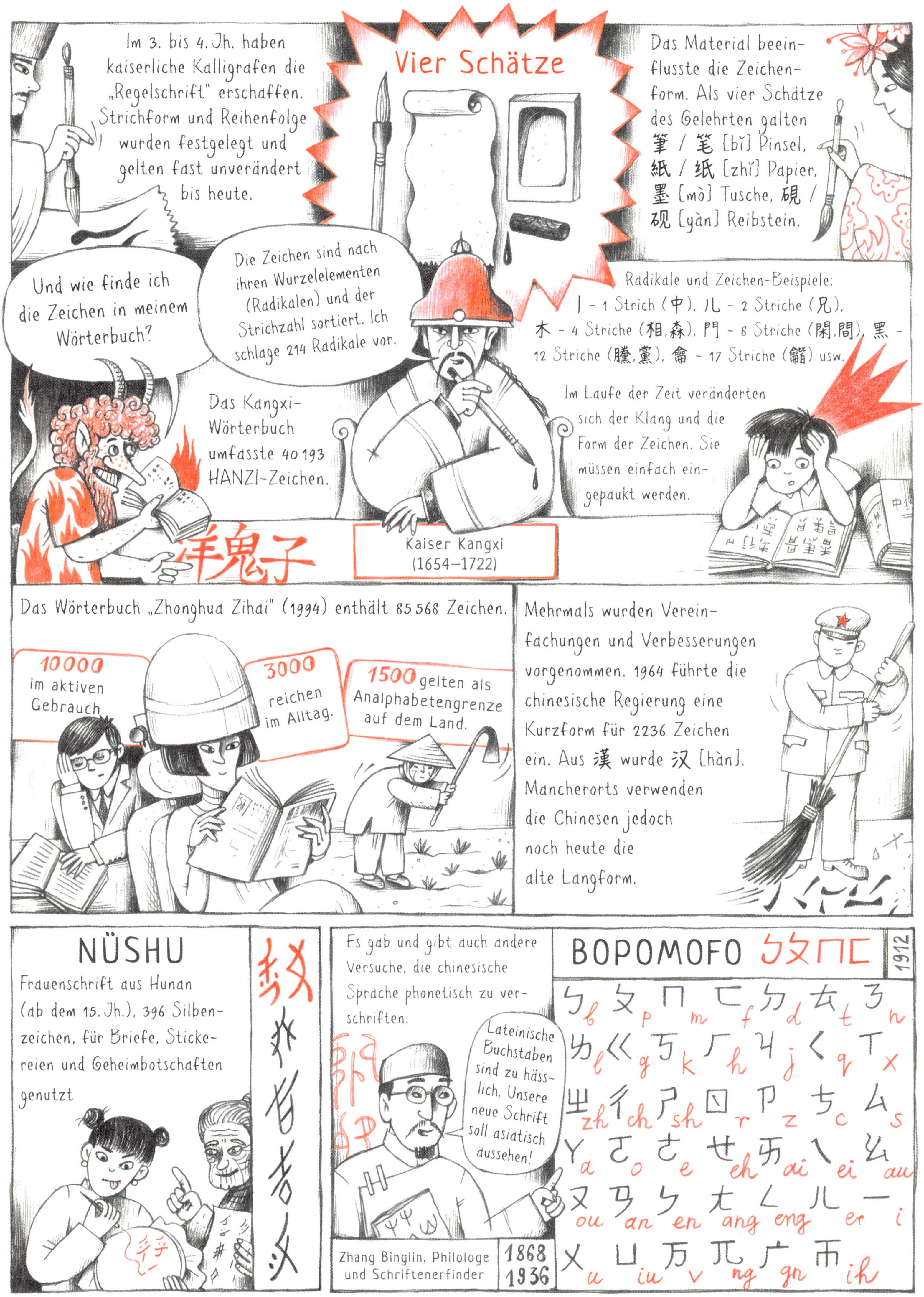
Im 3. bis 4. Jh. haben kaiserliche Kalligrafen die „Regelschrift" erschaffen. Strichform und Reihenfolge wurden festgelegt und gelten fast unverändert bis heute.
Vier Schätze
Das Material beeinflusste die Zeichenform. Als vier Schätze des Gelehrten galten 筆 / 笔 [bǐ] Pinsel, 紙 / 纸 [zhǐ] Papier, 墨 [mò] Tusche, 硯 / 砚 [yàn] Reibstein.
Und wie finde ich die Zeichen in meinem Wörterbuch?
Die Zeichen sind nach ihren Wurzelelementen (Radikalen) und der Strichzahl sortiert. Ich schlage 214 Radikale vor.
Radikale und Zeichen-Beispiele:
丨 - 1 Strich (中), 儿 - 2 Striche (兄), 木 - 4 Striche (相, 森), 門 - 8 Striche (閑, 間), 黑 - 12 Striche (黱, 黨), 龠 - 17 Striche (龤) usw.
Das Kangxi-Wörterbuch umfasste 40 193 HANZI-Zeichen.
Im Laufe der Zeit veränderten sich der Klang und die Form der Zeichen. Sie müssen einfach eingepaukt werden.
洋鬼子
Kaiser Kangxi (1654–1722)
Das Wörterbuch „Zhonghua Zihai" (1994) enthält 85 568 Zeichen.
10 000 im aktiven Gebrauch
3000 reichen im Alltag.
1500 gelten als Analphabetengrenze auf dem Land.
Mehrmals wurden Vereinfachungen und Verbesserungen vorgenommen. 1964 führte die chinesische Regierung eine Kurzform für 2236 Zeichen ein. Aus 漢 wurde 汉 [hàn]. Mancherorts verwenden die Chinesen jedoch noch heute die alte Langform.
NÜSHU
Frauenschrift aus Hunan (ab dem 15. Jh.), 396 Silbenzeichen, für Briefe, Stickereien und Geheimbotschaften genutzt
Es gab und gibt auch andere Versuche, die chinesische Sprache phonetisch zu verschriften.
Lateinische Buchstaben sind zu hässlich. Unsere neue Schrift soll asiatisch aussehen!
Zhang Binglin, Philologe und Schriftenerfinder
1868 1936
BOPOMOFO ㄅㄆㄇㄈ
1912
ㄅ b ㄆ p ㄇ m ㄈ f ㄉ d ㄊ t ㄋ n
ㄌ l ㄍ g ㄎ k ㄏ h ㄐ j ㄑ q ㄒ x
ㄓ zh ㄔ ch ㄕ sh ㄖ r ㄗ z ㄘ c ㄙ s
ㄚ a ㄛ o ㄜ e ㄝ eh ㄞ ai ㄟ ei ㄠ au
ㄡ ou ㄢ an ㄣ en ㄤ ang ㄥ eng ㄦ er ㄧ i
ㄨ u ㄩ iu ㄪ v ㄫ ng ㄬ gn ㄭ ih

JAPAN

Japaner nutzen Kanji sowohl als Logogramme als auch als Phonogramme. Dabei kann es eine chinesische (on) oder japanische (kun) Lesung sein oder etwas anderes. Etwa 800 Hanzi-Zeichen, die ausschließlich als Silbenschrift benutzt wurden, nannte man MAN'YŌGANA. Aus dieser vereinfachten Schnellschrift entstanden Hentaigana und dann auch Hiragana – die „Frauenschrift". Buddhistische Mönche schufen eine eigene Silbenschrift: Katakana.

ひらがな HIRAGANA

(Grundzeichen)

あ a	い i	う u	え e	お o
か ka	き ki	く ku	け ke	こ ko
さ sa	し shi	す su	せ se	そ so
た ta	ち chi	つ tsu	て te	と to
な na	に ni	ぬ nu	ね ne	の no
は ha	ひ hi	ふ fu	へ he	ほ ho
ま ma	み mi	む mu	め me	も mo
や ya		ゆ yu		よ yo
ら ra	り ri	る ru	れ re	ろ ro
わ wa	ん n			を wo

カタカナ KATAKANA

(Grundzeichen)

ア a	イ i	ウ u	エ e	オ o
カ ka	キ ki	ク ku	ケ ke	コ ko
サ sa	シ shi	ス su	セ se	ソ so
タ ta	チ chi	ツ tsu	テ te	ト to
ナ na	ニ ni	ヌ nu	ネ ne	ノ no
ハ ha	ヒ hi	フ fu	ヘ he	ホ ho
マ ma	ミ mi	ム mu	メ me	モ mo
ヤ ya		ユ yu		ヨ yo
ラ ra	リ ri	ル ru	レ re	ロ ro
ワ wa	ン n			ヲ wo

Hiragana-Entstehung

爲 → ゐ → ゐ

機 → き → き

Katakana-Entstehung

機 → キ

流 → ル

Der Mönch Kukai (774–835) übersetzte Bücher aus Indien und lernte dafür die Siddham-Schrift, eine Abugida, und ordnete die japanischen Silbenschriften.

Im heutigen Sprachgebrauch werden Kanji und Hiragana kombiniert, außerdem benutzen die Japaner Katakana für Fremdwörter und ab und zu Romaji, also lateinische Buchstaben. Sehr selten werden noch Man'yōgana, Hentaigana und sogar Siddham verwendet. Es gibt viele Regeln zu beachten!

MINDERHEITEN IN SÜDCHINA

Zahlreiche Völker und Stämme sprechen tibeto-birmanische, Tai- u. a. Sprachen und pflegen ihre Kultur, befinden sich aber seit fast 2000 Jahren unter dem politischen und kulturellen Einfluss Chinas.

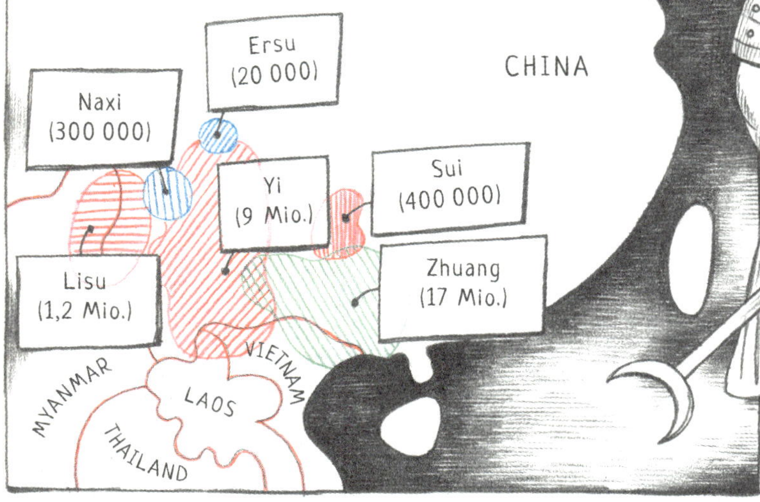

ZHUANG SAWNDIP

Das Tai-Volk Zhuang schuf durch die Veränderung und Neukombinierung der Hanzi-Zeichen ein eigenes Schriftsystem.

Logogramme: 呇 (mboq) – Bach: «氺» (Wasser) + «口» (Mund).

Phonogramme: 岜 (bya) – Berg : 山 (Berg) und Lautzeichen 巴 für „bā" (chinesisch „hoffen").

Originelle Zhuang-Piktogramme: (mbaj) – Schmetterling, (dwngx) – Krücke

YI-SILBENSCHRIFT

Die Minderheit der Yi besteht aus 30 tibeto-birmanischen Völkern.

Die moderne Yi-Schrift hat 1165 Silbenzeichen und wurde 1974 eingeführt.

NAXI: DONGBA- UND GEBA-ZEICHEN

Naxi ist eine Kombination aus der Bilder-Merktechnik und den Silbenzeichen, welche die Dongba-Priester der Bön-Religion nutzen.

ERSU-PIKTOGRAMME

(11. Jh.)

SUI-SILBENSCHRIFT

SCHRIFTSYSTEME MITTELAMERIKAS
USA
MEXIKO
KUBA
Purépecha
Tolteken
Olmeken
Maya
Azteken
Zapoteken
bz
gt
hn
sv
ni
Lange vor der Begegnung mit den Europäern entwickelten die Völker Amerikas eigene Hochkulturen. Durch die „Entdeckung" Amerikas 1492 und seine Eroberung durch die Europäer wurde diese Entwicklung beendet.
Die indigenen Zivilisationen gingen ihre eigenen Wege: Sie kannten etwa das Rad nicht, waren aber ausgezeichnete Astronomen und Chemiker. Sie hatten einen präzisen Kalender und verwendeten Gummi, Schokolade, Chinin, Vanille etc. Eigene Schriftsysteme erfanden sie auch.
Nach der Eroberung gingen viele Zeugnisse der indianischen Kulturen verloren. Bis heute weiß man nicht sehr viel darüber …
Weg mit dem Teufelszeug! Alle ihre Bücher müssen verbrannt werden!
Der Cascajal-Stein ist das wohl älteste bekannte Schriftzeugnis in Amerika. Er ist etwa 3000 Jahre alt.
Ein kleiner Stein aus einem alten Schutthaufen? Also, ich weiß nicht …
Die Olmeken schufen die erste bedeutende Hochkultur Mittelamerikas (1500 v. Chr.–400 v. Chr.).
Wir mögen riesige Steinköpfe! Einfach so.
Die Olmeken selbst sind verschwunden, übrig blieben nur einige behauene Steine mit Zeichen, die vielleicht Logogramme sind.
Die Zapoteken hatten ihr eigenes Reich (ca. 1500 v. Chr.–1500 n. Chr.). Ihre Nachfahren leben heute noch in Mexiko und bewahren ihre Sprache und Kultur.
Eigentlich haben wir das Schreiben erfunden! Die Mayas haben es uns bloß abgeguckt!

Azteken
Die Nahuatl sprechenden kriegerischen Stämme kamen aus dem Norden, unterwarfen viele Völker in Mittelamerika und gründeten das letzte indianische Imperium (ca. 1320–1525), das dann von den Spaniern zerschlagen wurde.
Arrrr! Wir sind Jaguare! Wir sind Adler! Ergebt euch!
Nehmt unser Gold und unseren Mais, aber verschont uns!
Verewige sofort meine sagenhaften Heldentaten!
Der Sonnenjaguar und unser Gebieter, der unvergleichliche Chimalpopoca …
Die Azteken hatten keine Schrift, nur eine dem Kekinowin ähnliche Merktechnik. Eigens dafür ausgebildete Leser interpretierten die Aufzeichnungen. Aber es gab bereits Piktogramme mit bestimmter Bedeutung, die auch hier nach dem Rebus-Prinzip kombiniert wurden:
te(tl) „Stein" +
nōch(tli) „Kaktusfeige" =
Tenochtitlan
(Hauptstadt der Azteken)
Maya
Die Nachfahren der Maya leben auch heute noch in Mexiko, Guatemala und Belize. Die Maya-Kultur hatte ihre Anfänge vor ca. 4500 Jahren, die Blütezeit war zwischen 400 v. Chr. und 900 n. Chr. Danach erlosch sie auf rätselhafte Weise: Große Städte wurden verlassen und vom Dschungel überwuchert. Spanische Eroberer zerstörten die Reste.
Auch das Schriftsystem der Maya – eine voll entwickelte Schrift – geriet in völlige Vergessenheit.
?
Das sind bloß Götterdarstellungen und Ornamente.
Götter?! Haha! Das sind historische Persönlichkeiten und die Beschreibung ihrer Taten! Diese Zeichen sind höchstwahrscheinlich Zahlen!
Tatiana Proskouriakoff (1909–1985), Harvard University, USA
Es ist eine Silbenschrift! Perfekt an die Maya-Sprache angepasst! Es ist doch total einfach zu lesen!
Mayau!
Juri Knorosow (1922–1999) und seine Katze Aspid, St. Petersburg, UdSSR
+ =
tzu (Gerippe) + lu (phonetisch) = tzul (Hund)
Etwa 1000 Maya-Glyphen sind bekannt.

»DONAUSCHRIFT«
Tărtăria
RUMÄNIEN
Vinča
Vinča- oder Donaukultur
(5300–3200 v. Chr.)
SERBIEN
BULGARIEN
Sitowo
Gradeschniza
Tafeln von Tărtăria
Der Steinzeit-Revolution folgte der nächste Durchbruch: Metallgewinnung und -verarbeitung. Etwa ab 7500 v. Chr. entstanden kupfersteinzeitliche Kulturen (Gold und Silber waren auch schon bekannt). Der berühmte Ötzi (um 3300 v. Chr.) besaß ein Kupferbeil – und viele Tattoos.
Tafel von Gradeschniza
Viele Objekte der sogenannten Donaukultur tragen schriftähnliche Zeichen.
Keltisch? Phrygisch? Sinnloses Gekrakel? Erste Schrift der Weltgeschichte?!
Das Schreiben wurde also doch in Europa erfunden!
Das ist noch kein wirklicher Beweis für ein Schriftsystem!
Felsen-Inschrift bei Sitowo
Europäische Bronzezeit (um 1400 v. Chr.)
Etwa um 3000 v. Chr. erfanden antike Metallurgen die Bronze, eine Kupfer-Zinn-Legierung, die wesentlich härter ist als Kupfer. Die Bronzezeit brachte rasante gesellschaftliche Entwicklungen mit sich. Hochkulturen entstanden und mit ihnen komplexere Schriftsysteme.
Aber um 1200 v. Chr. gingen die Bronzezeit-Kulturen plötzlich unter: Ihre Städte wurden zerstört, ganze Völker verschwanden, das Schreiben wurde vielerorts vergessen …
Hattuscha
HETHITER-REICH
ASSYRISCHES REICH
Minoisch-mykenische Kultur
Kreta
Zypern
ÄGYPTEN
Was ist passiert?!
Naturkatastrophen?
Klimawandel?
Kriege mit Eisenwaffen?

HETHITISCH UND LUWISCH
Im 19. Jh. fanden Archäologen die Ruinen der Stadt Hattuscha, Hauptstadt des Hethiter-Reiches. Es wurden auch viele Keilschrift-Tafeln ausgegraben. Die Schriftzeichen waren bereits bekannt, aber die Sprache nicht. Für die verwandte luwische Sprache nutzte man neben der Keilschrift auch eigene Hieroglyphen.
Das ist doch eine indoeuropäische Sprache! Hier steht „WATAR-MA" – das heißt bestimmt „Wasser"!
Bedřich Hrozný (1879–1952)
ich
Stadt
Land
König
gehen
lieben
Hirsch
Schaf
MINOISCHE SCHRIFTEN
Die minoisch-mykenische Hochkultur (~3200–1050 v. Chr.) entwickelte sich auf der Insel Kreta. Ihre Entdeckung um 1900 war eine Sensation. Die „Wiederherstellung" der Gebäude und Fresken in Knossos wurde allerdings künstlerisch sehr frei vorgenommen.
Es war nur dieser kleine Farbfleck erhalten, aber schau jetzt einmal!
Wow. Was für eine Fantasie! Das verkauft sich bestimmt sehr gut. Mach weiter!
In den Palastruinen von Knossos wurden auch Tausende Tontafeln mit drei Schriftsystemen ausgegraben.
Emile Gilliéron (1851–1924)
Arthur Evans (1851–1941)
MINOISCHE LOGOGRAMME
LINEAR A (Beispiel, nicht entziffert)
LINEAR B (entziffert 1952)
D J K M N P Q R S T W Z
A E I O U
Damals konkurrierten Archäologen erbittert um Ruhm und Profit miteinander. 1908 „fand" der Italiener Luigi Pernier (1874–1937) das Diskos von Phaistos, ein Artefakt, das keinem anderen archäologischen Fund ähnelt, nagelneu aussieht und noch immer nicht mit modernen Mitteln untersucht wurde ...
KYPRISCHE SILBENSCHRIFT (11.–3. Jh. v. Chr.)
J K L M N P R S T X W Z
A E I O U

ENTSTEHUNG DER

Keilschrift und ägyptische Hieroglyphen wurden bereits als Lautschrift benutzt. Erste einfache Alphabet-ähnliche Inschriften, die protosemitischen Schriften, kamen um 1700–1500 v. Chr. in Ägypten und auf der Sinai-Halbinsel auf.

ALPHABETE
MESOPOTAMIEN
PERSIEN
Die Phönizier waren Händler und Schiffbauer und besiedelten vor etwa 3500 Jahren den ganzen Mittelmeerraum, wo sie viele Kolonien gründeten. Pragmatisch, wie sie waren, entwickelten die Phönizier ein sehr einfaches Alphabet, um ihre Geschäfte zu führen.
alef (Rind)
mem (Wasser)
Schreib mal auf: noch ein Krug Aromaöl!
Neben der Buchhaltung ermöglichten einfache Alphabete die Verbreitung neuer Ideen und neuer Religionen. Das Christentum verbreitete sich im ganzen Mittelmeerraum bis nach China und Indien.
Jesus selbst hat Aramäisch gesprochen.
Leute, ich verkünde euch die Lehre des großen Propheten Mani!
Der Manichäismus wurde im 4.–14. Jh. auch eine Weltreligion.
Alt-südarabische Schriften
Nabathäische Schrift
Äthiopische Schrift
Avestische Schrift
Pahlavi
Manichäisches Alphabet
Syrische Schriften: Estrangelo, Serto, Ostsyrisch
Armenisch
Alwanisch
Georgisch
Sogdisches Alphabet
Alttürkische Runen
Uigurisches Alphabet
Mandäische Schrift
Arabische Schrift
الأبجدية العربية
Mongolisch
Mandschurisch, Todo-Bichig, Xibe, Ewenkisch, Vagindra
Ungarische Runen

אלפבית עברי
HEBRÄISCHE SCHRIFT
Diese Konsonanten-Schrift in der stilisierten „quadratischen" Form der alten aramäischen Schrift wurde um etwa 500 v. Chr. an die hebräische Sprache angepasst. Nach einer biblischen Legende kommt sie direkt von Gott. Um Fehler beim Lesen zu vermeiden, führte man später Sonderzeichen für Vokale ein – man kann sie benutzen, muss es aber nicht.
Mose empfängt die Zehn Gebote auf dem Berg Sinai.
Söhne und Töchter Israels, Gott persönlich hat zehn Gebote für euch auf diese Steintafeln geschrieben! Mit seinen Fingern!
Hübsche Schrift!
Wow!
ALEF-BET IWRI
א A
ב B
ג G
ד D
ה H
ו U,V
ז Z
ח H
ט TH
י J,i
כ|ך K
ל L
מ|ם M
נ|ן N
ס S
ע ʿ
פ|ף P,F
צ|ץ TS
ק Q
ר R
ש Š
ת T
Hebräisch ist die Amtsschrift in Israel, sie wird von Juden überall in der Welt benutzt. Neben Iwrit – dem modernen Hebräisch – werden auch die anderen jüdischen Sprachen damit verschriftet.
אָן געלט איז קיין וועלט:
Jiddisch, eine jüdische Ausprägung des Deutschen, ist heute eine eigene Sprache.
On gelt iz keyn velt.
Die Samaritaner sind eine kleine Religionsgemeinschaft (ca. 800 Menschen) in Israel, die ihre uralten Sitten und Sprache pflegt und eine eigene Version der althebräischen Schrift nutzt.
Samaritanische Schrift
A B G D H V Z Ḥ
Ṭ Y K L M N S ʿ
P Ṣ Q R Š T

ΕΛΛΗΝΙΚΟ ΑΛΦΑΒΗΤΟ / GRIECHISCHES ALPHABET

Ob es wirklich so war? Wer weiß das schon! Aber tatsächlich übernahmen die Griechen etwa um 1000 v. Chr. die phönizischen Buchstaben samt ihrer Namen, anfangs auch solche, die man für die griechische Sprache gar nicht brauchte: Ϝ (Digamma), Ͱ (Heta), Ϙ (Koppa), Ϡ (Sampi).
Im Laufe der Jahrhunderte änderte sich die Sprache sehr stark: So ist das altgriechische Beta (=b) im Neugriechischen zu Vita (=v) geworden, für den Laut „b" schreibt man heute „μπ".

Ρεμπέτικο / Rebetiko (Musikstil)

Αα	A	Alpha	Νν	N	Ny
Ββ	V(B)	Beta	Ξξ	X	Xi
Γγ	G	Gamma	Οο	O	Omikron
Δδ	D	Delta	Ππ	P	Pi
Εε	E	Epsilon	Ρρ	R	Rho
Ζζ	Z	Zeta	Σσ	S	Sigma
Ηη	i	Eta	Ττ	T	Tau
Θθ	Th	Theta	Υυ	Y(U)	Ypsilon
Ιι	i	Iota	Φφ	F	Phi
Κκ	K	Kappa	Χχ	Ch	Chi
Λλ	L	Lambda	Ψψ	Ps	Psi
Μμ	M	My	Ωω	O	Omega

KOPTISCHES UND NUBISCHES ALPHABET

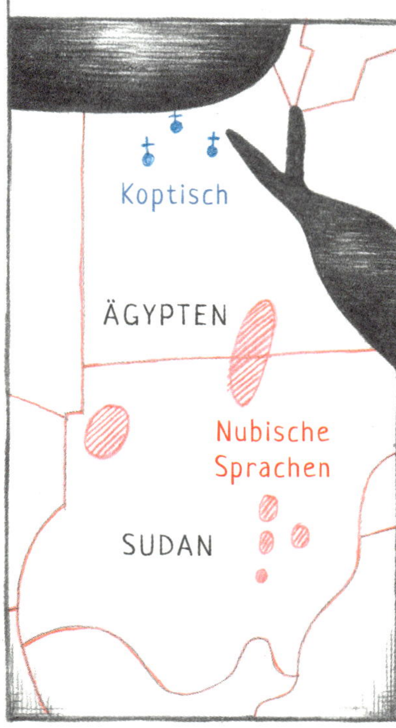

ⲁⲃⲅⲇⲉⲋⲍⲏⲑⲓⲕⲗⲙⲛⲝ ⲟⲡⲣⲥⲧⲩⲫⲭⲯⲱ ϣϥϧϩϫϭϯ

Im 2. Jh. gaben die Ägypter ihre Schriftsysteme zugunsten der griechischen Schrift auf. Einige demotische Zeichen wurden für die im Griechischen fehlenden Laute beibehalten. Heute werden die koptische Sprache und Schrift nur noch von der christlichen Minderheit Ägyptens benutzt. Die Nubier fügten noch drei Buchstaben hinzu:

LATEINISCHES ALPHABET
Die Phönizier und Griechen landeten mit ihren Schiffen oft an der italienischen Küste, hatten regen Kontakt mit den dort lebenden Völkern und brachten ihnen auch ihre Schriften mit.
Um 700 v. Chr. schufen die Etrusker in Norditalien ihre eigene Schrift, die u. a. der Schrift auf der Insel Limnos sehr ähnelte.
CARMENTA, römische Göttin, die das lateinische Alphabet „erfand".
Muss man denn eine Göttin sein, um ein paar griechische Buchstaben zu kopieren?
Etruskisches Alphabet
a c e v z h
th i k l m n
p ś q r s t
u ś ph ch f
Etrusker
Rom
Latiner
Griechen
Ab 400 v. Chr. eroberten die Latiner (Römer) alle etruskischen Gebiete. Die etruskische Sprache verschwand und gibt bis heute Rätsel auf. Die Schrift der Etrusker haben die Römer behalten und weiterentwickelt.
Toll, was? Ein Mitbringsel von meiner Reise. Sie ist echt!
1849 kaufte ein Wiener Beamter eine Mumie in Ägypten.
Warte mal ... da steht was auf der Binde ...
Als Binde der „Zagreb-Mumie" war ein 3,4 m langes etruskisches Leinenbuch verwendet worden – der bis heute längste bekannte etruskische Text!
ABCDEFGHIJKLMNOPQRSTUVWXYZ
Erst hatte das lateinische Alphabet nur 21 Buchstaben. „C" nutzte man für die Laute [k] und [g], bis der Schreiber Spurius Carvilius Ruga um 230 v. Chr. ein „G" schuf.
Verdammt! Keiner liest meinen Namen richtig! Man braucht einen Extrabuchstaben!
Römer! Hier gebe ich euch die fehlenden Buchstaben: Ↄ, Ⅎ und Ⱶ.
Ach nee ...
Sorry, Majestät, die sehen bescheuert aus ...
CLAVDIVS
VERBA VOLANT SCRIPTA MANENT
Aus dem griechischen Y machten die Etrusker V. Später haben die Römer sich Y und auch Z erneut bei den Griechen geliehen. V las man zunächst als V, U oder W. U und J kamen erst im 16. Jh. hinzu, W (= V+V) noch später.
Die von römischen Steinmetzen gestaltete Monumentalschrift war die Ausgangsform für die meistverbreiteten lateinischen ANTIQUA-Schriften.

Nachdem die Römer ganz Italien besetzt hatten, eroberten sie den gesamten Mittelmeerraum, Westeuropa, den Balkan, Nordafrika, Nahost ...
ABC
?
Überallhin brachten sie die lateinische Sprache mit.
Christliche Missionare zogen mit der Bibel durch die Welt ...
ABCDE
Die Westeuropäer eroberten ganz Amerika, Afrika und große Teile Asiens. Europäische Sprachen wurden überall zu Amtssprachen.
ABC
Nach dem Zerfall der Sowjetunion 1991 wechselten manche eigenständig gewordenen Nationen wie Usbekistan und Moldawien vom kyrillischen zum lateinischen Alphabet.
RAZOM NAS !BOGATO!
EXPORTSCHLAGER: DAS LATEINISCHE ALPHABET
Sehr viele Sprachen verwenden also ein Alphabet, das gar nicht für sie geschaffen wurde. Deswegen weist man den Buchstaben und ihren Kombinationen neue Klänge zu, fügt neue Buchstaben und diakritische Zeichen ein usw.
In weltweit 181 Ländern basieren die Schriftsysteme auf dem lateinischen Alphabet. Andernorts wird die lateinische Schrift ebenfalls genutzt, und Englisch gilt sowieso als Weltsprache. Dabei hat sich Englisch besonders weit von der ursprünglichen Alphabet-Idee „ein Zeichen = ein Laut" entfernt. Englische Verfechter einer Rechtschreibreform witzeln gern, GHOTI solle man wie „fish" (Fisch) lesen.
DeuTSCH (4 Buchstaben für 1 Laut)
KJØP [schö...]
Hallo, mein Name ist Grzegorz Brzęczyszczykiewicz.
Bạn đến từ đâu?
Aus Szczebrzeszyn!
enouGH F
GHOTI → FISH
wOmen i
marTIal sh
TIOGH → SHIP
naTIon sh
wOmen i
hiccouGH P
Um die verschiedenen Sprachen mit den lateinischen Buchstaben zu verschriften, braucht jede Sprache eigene Sonderzeichen (im Deutschen z.B. ö). Insgesamt gibt es über 650 lateinische Sonderzeichen:
ÀÁÂÃĀĂȦÄẢÅǍȀȂĄḀẦẤẪẨẰẮẴẲǠǞǺẬẶȺÆǼǢ ḂBḄḆɃ ĆĈĊČCÇḈȻ usw.

RUNEN

Zumindest zwei altnordische Runen kennt heute jeder: h(ᚼ) und b(ᛒ), verschmolzen zum Bluetooth-Logo. Die drahtlose Verbindung ist nach einem alten dänischen König benannt.

DAS ÄLTERE FUTHARK

ᚠ	f	ᚺ	h	ᛏ	t
ᚢ	u	ᚾ	n	ᛒ	b
ᚦ	þ	ᛁ	i	ᛖ	e
ᚨ	a	ᛃ	j	ᛗ	m
ᚱ	r	ᛇ	ẽ / ï	ᛚ	l
ᚲ	k	ᛈ	p	ᛜ	ŋ
ᚷ	g	ᛉ	R / z	ᛞ	d
ᚹ	w	ᛊ	s	ᛟ	o

DAS JÜNGERE FUTHARK

ᚠ	f	ᚾ	n	ᛖ	e	ᛡ	ia
ᚢ	u	ᛁ	i	ᛗ	m	ᛠ	ea
ᚦ	th	ᛄ	j	ᛚ	l	ᛢ	kw
ᚩ	o	ᛇ	eo	ᛝ	ng	ᛣ	k
ᚱ	r	ᛈ	p	ᛟ	oe	ᛥ	st
ᚳ	k	ᛉ	x	ᛞ	d	ᚸ	g
ᚷ	g / j	ᛋ	s	ᚪ	a	ᚻ	h
ᚹ	w	ᛏ	t	ᚫ	ae		
ᚻ	h	ᛒ	b	ᚣ	y		

Runen stammen vermutlich von den altitalischen Schriften ab und sind quasi die nordeuropäische Version des lateinischen Alphabets. Sie waren etwa vom 2. Jh. an im Gebrauch, in der schwedischen Provinz Dalarna sogar bis ins 20. Jh. Die am besten erhaltenen Inschriften findet man in Skandinavien: Primstavs – Runen-Kalenderstäbe – waren noch im 19. Jh. in Norwegen und Schweden im Einsatz. Mancher misst den Runen auch eine mystische Bedeutung bei.

UNGARISCHE ROVÁS

Die Ungarn waren ein nomadisches Volk und sind etwa ab dem 9. Jh. aus Sibirien nach Europa eingewandert. Dabei hatten sie vermutlich alttürkische Runen ihrer Verbündeten mitgebracht: die Rovás. In Europa übernahmen die Ungarn bald das lateinische Alphabet.

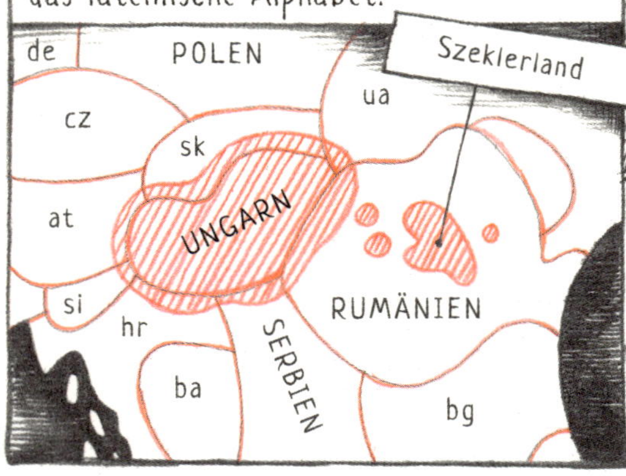

Nur an entlegenen Orten im Szeklerland haben die Rovás überlebt und werden heute immer populärer.

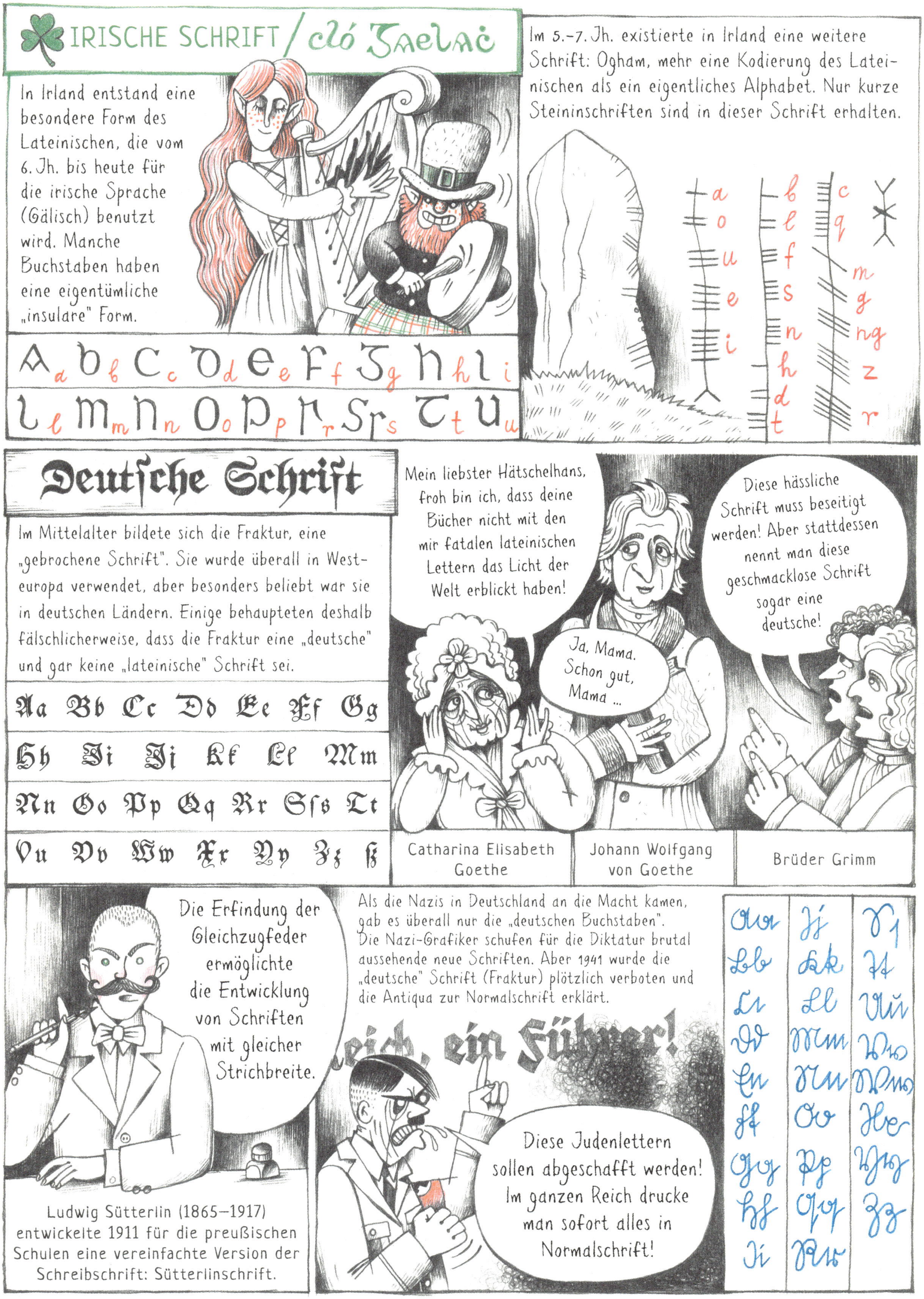
IRISCHE SCHRIFT / cló Gaelach
In Irland entstand eine besondere Form des Lateinischen, die vom 6. Jh. bis heute für die irische Sprache (Gälisch) benutzt wird. Manche Buchstaben haben eine eigentümliche „insulare" Form.
a b c d e f g h i
l m n o p r s t u
Im 5.–7. Jh. existierte in Irland eine weitere Schrift: Ogham, mehr eine Kodierung des Lateinischen als ein eigentliches Alphabet. Nur kurze Steininschriften sind in dieser Schrift erhalten.
a o u e i
b l f s n h d t
c q m g ng z r
Deutsche Schrift
Im Mittelalter bildete sich die Fraktur, eine „gebrochene Schrift". Sie wurde überall in Westeuropa verwendet, aber besonders beliebt war sie in deutschen Ländern. Einige behaupteten deshalb fälschlicherweise, dass die Fraktur eine „deutsche" und gar keine „lateinische" Schrift sei.
Aa Bb Cc Dd Ee Ff Gg
Hh Ii Jj Kk Ll Mm
Nn Oo Pp Qq Rr Sſs Tt
Uu Vv Ww Xx Yy Zz ß
Mein liebster Hätschelhans, froh bin ich, dass deine Bücher nicht mit den mir fatalen lateinischen Lettern das Licht der Welt erblickt haben!
Ja, Mama. Schon gut, Mama ...
Diese hässliche Schrift muss beseitigt werden! Aber stattdessen nennt man diese geschmacklose Schrift sogar eine deutsche!
Catharina Elisabeth Goethe
Johann Wolfgang von Goethe
Brüder Grimm
Die Erfindung der Gleichzugfeder ermöglichte die Entwicklung von Schriften mit gleicher Strichbreite.
Ludwig Sütterlin (1865–1917) entwickelte 1911 für die preußischen Schulen eine vereinfachte Version der Schreibschrift: Sütterlinschrift.
Als die Nazis in Deutschland an die Macht kamen, gab es überall nur die „deutschen Buchstaben". Die Nazi-Grafiker schufen für die Diktatur brutal aussehende neue Schriften. Aber 1941 wurde die „deutsche" Schrift (Fraktur) plötzlich verboten und die Antiqua zur Normalschrift erklärt.
...eich, ein Führer!
Diese Judenlettern sollen abgeschafft werden! Im ganzen Reich drucke man sofort alles in Normalschrift!

ÄTHIOPISCHE SCHRIFT

	Ä	U	I	A	E	Ə	O
H	ሀ	ሁ	ሂ	ሃ	ሄ	ህ	ሆ
L	ለ	ሉ	ሊ	ላ	ሌ	ል	ሎ
Ħ	ሐ	ሑ	ሒ	ሓ	ሔ	ሕ	ሖ
M	መ	ሙ	ሚ	ማ	ሜ	ም	ሞ
Ś	ሠ	ሡ	ሢ	ሣ	ሤ	ሥ	ሦ
R	ረ	ሩ	ሪ	ራ	ሬ	ር	ሮ
S	ሰ	ሱ	ሲ	ሳ	ሴ	ስ	ሶ
Q	ቀ	ቁ	ቂ	ቃ	ቄ	ቅ	ቆ
B	በ	ቡ	ቢ	ባ	ቤ	ብ	ቦ
T	ተ	ቱ	ቲ	ታ	ቴ	ት	ቶ
Ḫ	ኀ	ኁ	ኂ	ኃ	ኄ	ኅ	ኆ
N	ነ	ኑ	ኒ	ና	ኔ	ን	ኖ
ʔ	አ	ኡ	ኢ	ኣ	ኤ	እ	ኦ

	Ä	U	I	A	E	Ə	O
K	ከ	ኩ	ኪ	ካ	ኬ	ክ	ኮ
W	ወ	ዉ	ዊ	ዋ	ዌ	ው	ዎ
ʕ	ዐ	ዑ	ዒ	ዓ	ዔ	ዕ	ዖ
Z	ዘ	ዙ	ዚ	ዛ	ዜ	ዝ	ዞ
J	የ	ዩ	ዪ	ያ	ዬ	ይ	ዮ
D	ደ	ዱ	ዲ	ዳ	ዴ	ድ	ዶ
G	ገ	ጉ	ጊ	ጋ	ጌ	ግ	ጎ
T'	ጠ	ጡ	ጢ	ጣ	ጤ	ጥ	ጦ
P'	ጰ	ጱ	ጲ	ጳ	ጴ	ጵ	ጶ
TS	ጸ	ጹ	ጺ	ጻ	ጼ	ጽ	ጾ
ƛ'	ፀ	ፁ	ፂ	ፃ	ፄ	ፅ	ፆ
F	ፈ	ፉ	ፊ	ፋ	ፌ	ፍ	ፎ
P	ፐ	ፑ	ፒ	ፓ	ፔ	ፕ	ፖ

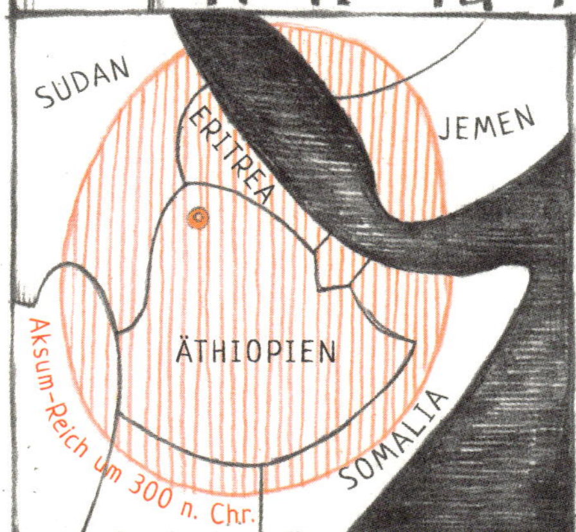

Die äthiopische Schrift ist eine Abugida (አቡጊዳ). Die Grundform des Zeichens wird je nach folgendem Vokal leicht verändert und gibt eine Silbe wieder. Ursprünglich für die Ge'ez (ግዕዝ) – die Gottesdienstsprache der äthiopischen Kirche – geschaffen, dient sie heute Amharisch, Tigrinya, Tigre und anderen Sprachen in Äthiopien und Eritrea als Schrift. Einige afrikanische Organisationen schlugen vor, Ge'ez als panafrikanische Schrift einzuführen, um das „koloniale" Lateinisch nicht mehr nutzen zu müssen.

Das Kaiserreich Abessinien auf dem Gebiet der heutigen Staaten Äthiopien und Eritrea bestand 3000 Jahre lang und blieb das einzige Land in Afrika, das nicht kolonisiert wurde. Der letzte äthiopische Kaiser, Haile Selassie I. (1892–1975), wird deshalb als Symbol afrikanischer Eigenständigkeit verehrt.

Ezana, König von Aksum (~320–360) ዔዛና

Frumentius, syrischer Mönch (~310–383) ፍሬምናጦስ

Rastafaris und Reggae-Musiker im fernen Jamaika nutzen die äthiopische Schrift, um ihre Verbindung zu Afrika zu betonen.

ARABISCHE SCHRIFT

a/i	ا			ـا
b	ب	ـب	ـبـ	بـ
t	ت	ـت	ـتـ	تـ
th	ث	ـث	ـثـ	ثـ
ǧ	ج	ـج	ـجـ	جـ
ḥ	ح	ـح	ـحـ	حـ
ḫ	خ	ـخ	ـخـ	خـ
d	د			ـد
dh	ذ			ـذ
r	ر			ـر
z	ز			ـز
s	س	ـس	ـسـ	سـ
š	ش	ـش	ـشـ	شـ
ṣ	ص	ـص	ـصـ	صـ
ḍ	ض	ـض	ـضـ	ضـ
ṭ	ط	ـط	ـطـ	طـ
ẓ	ظ	ـظ	ـظـ	ظـ
ʿ	ع	ـع	ـعـ	عـ
ġ	غ	ـغ	ـغـ	غـ
f	ف	ـف	ـفـ	فـ
q	ق	ـق	ـقـ	قـ
k	ك	ـك	ـكـ	كـ
l	ل	ـل	ـلـ	لـ
m	م	ـم	ـمـ	مـ
n	ن	ـن	ـنـ	نـ
h	ه	ـه	ـهـ	هـ
u/w	و			ـو
y/i	ي	ـي	ـيـ	يـ

Prophet Mohammed (~570–632)

Arabisch erfuhr ab dem 7. Jh. im Zuge der Islamisierung eine große Verbreitung. Es ist Amtsschrift in 30 Ländern und wird für Arabisch, Persisch und viele weitere Sprachen in Asien und Afrika benutzt. Fast alle Buchstaben haben bis zu vier Schreibformen, je nachdem, an welcher Stelle sie im Wort stehen. Kurze Vokale werden gar nicht mitgeschrieben, können aber angedeutet werden.

Es gibt viele Sonderzeichen und es sind viele Regeln zu beachten, zudem wird es von rechts nach links geschrieben: Arabisch gehört zu den besonders komplexen Schriften! Da die 15 Buchstaben der Ausgangsform nicht für alle arabischen Laute reichten, variierte man.

Arabische Zahlen:

Nahost: ٠١٢٣٤٥٦٧٨٩

Persisch: ۰۱۲۳۴۵۶۷۸۹

Abu al-Aswad al-Du'ali (~603–688)

THAANA-ALPHABET, MALEDIVEN

Auf den Malediven hat man erst Arabisch geschrieben, dann erfand jemand im 18. Jh. ein Alphabet für die lokale Sprache Dhivehi: Für die ersten neun Konsonanten wurden einfach die arabischen Zahlen von 1 bis 9 verwendet.

Eine Thaana-Zeile hat drei „Stockwerke":

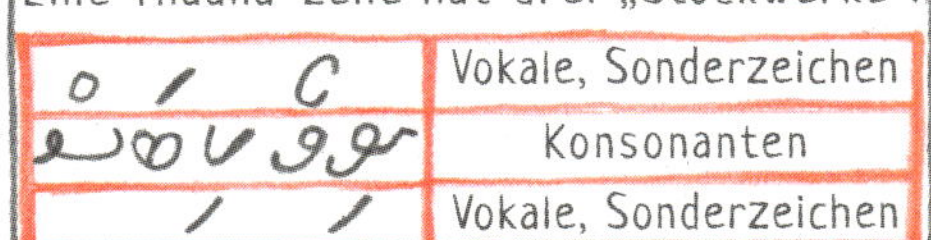

Arabische Entlehnungen belässt man in der Originalschrift. Manchmal werden auch beide Schriften in einem Wort gemixt, wie hier z. B. Abdulla Yameen (Name des maledivischen Präsidenten):

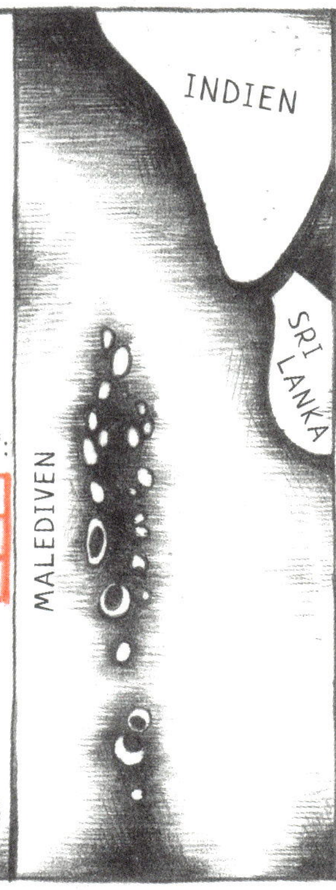

ހ	h	ލ	l	ޚ	kh	◌ަ	a
ށ	sh	ގ	g	ޛ	dh'	◌ާ	aa
ނ	n	ޏ	gn	ޜ	x	◌ި	i
ރ	r	ސ	s	ޝ	sh'	◌ީ	ee
ބ	b	ޑ	d	ޞ	s'	◌ު	u
ޅ	lh	ޒ	z	ޟ	l'	◌ޫ	oo
ކ	k	ޓ	t	ޠ	t'	◌ެ	e
އ	--	ޔ	y	ޡ	z'	◌ޭ	ey
ވ	v	ޕ	p	ޢ	'	◌ޮ	o
މ	m	ޖ	j	ޣ	gh	◌ޯ	oa
ފ	f	ޗ	ch	ޤ	q	◌ް	
ދ	dh	ޘ	th'	ޥ	w	ޱ	ṇ
ތ	th	ޙ	h'				

INDISCHE SCHRIFTEN

Auf dem indischen Subkontinent gibt es ca. 700 Sprachen. 23 davon sind Amtssprachen Indiens. Dort entstanden auch die ältesten Weltreligionen:

ॐ Hinduismus (~ 2000 v. Chr.)

Buddhismus (~ 500 v. Chr.)

Als Prinz Siddhartha (~560 v. Chr.–480 v. Chr.), künftiger Buddha, noch zur Schule ging, musste er 64 verschiedene Schriften lernen, darunter Dviruttarapadasandhilipi, Yavaddasottarapadasandhilipi und Rsitapastaptarocamanalipi. Die gängigste war die Brahmi-Schrift, Mutter aller indischen Schriften, allesamt Abugidas.

König Ashoka (~304–232 v. Chr.) eroberte vor 2300 Jahren fast den ganzen indischen Subkontinent und verbreitete überall den Buddhismus und die Brahmi-Schrift.

DEVANAGARI (Grundzeichen)

अ	आ	इ	ई	उ	ऊ	ए	ऐ	ओ	औ
	ा	ि	ी	ु	ू	े	ै	ो	ौ
a	aa	i	ii	u	uu	ee	ai	oo	au

क	ka	ख	kha	ग	ga	घ	gha	ङ	ṅa
च	ca	छ	cha	ज	ja	झ	jha	ञ	ña
ट	ṭa	ठ	ṭha	ड	ḍa	ढ	ḍha	ण	ṇa
त	ta	थ	tha	द	da	ध	dha	न	na
प	pa	फ	pha	ब	ba	भ	bha	म	ma
य	ya	र	ra	ल	la	व	va		
श	śa	ष	ṣa	स	sa	ह	ha	ळ	la

Die meisten indischen Sprachen gehören zu zwei sehr unterschiedlichen Sprachfamilien.

Agastya, der Gottessohn und Held, soll die tamilische Sprache erschaffen haben.

Tamilisch ist die bedeutendste dravidische Sprache und hat mehr als 75 Millionen Sprecher. Tamilische Nationalisten glauben, dass ihre Sprache die erste der Menschheit sei und dass die Tamilen früher auf dem – jetzt versunkenen – Kontinent Kumarikkandam eine hoch entwickelte Zivilisation gehabt hätten …

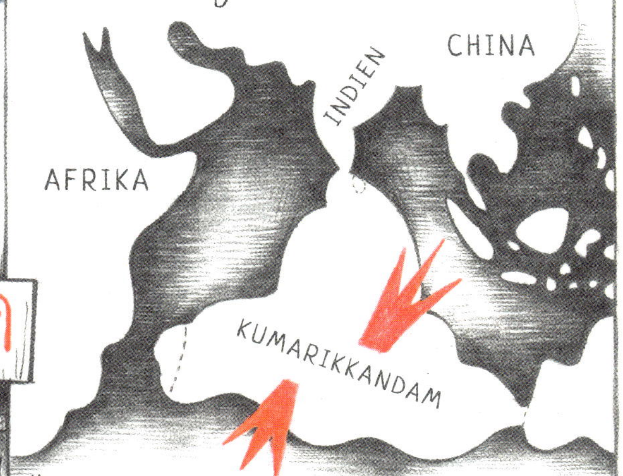

Über 100 Jahre kämpften die Tamilen gegen die Vorherrschaft der Hindi-Sprache in Südindien. In Sri Lanka führten tamilische Rebellen sogar einen langen Krieg (1983–2009) um ihre Unabhängigkeit.

TAMIL
(ab ca. 250 v. Chr.)

அ	ஆ	இ	ஈ	உ	ஊ		
a	ā	i	ī	u	ū		
எ	ஏ	ஐ	ஒ	ஓ	ஔ		
e	ē	ai	o	ō	au		
ப	பா	பி	பீ	பு	பூ	பெ	ப்
pa	pā	pi	pī	pu	pū	pe	p
பே	பை	பொ	போ	பௌ			
pē	pai	po	pō	pau			

க்	ங்	ச்	ஞ்	ட்	ண்
k	ṅ	c	ñ	ṭ	ṇ
த்	ந்	ப்	ம்	ய்	ர்
t	n	p	m	y	r
ழ்	ள்	ற்	ன்	ல்	வ்
ḻ	ḷ	ṟ	ṉ	l	v
ஜ	ஷ	ஸ	ஹ	க்ஷ	
j	ṣ	s	h	ks	

Im Tamilischen verschmelzen die Buchstaben oft zu Ligaturen.

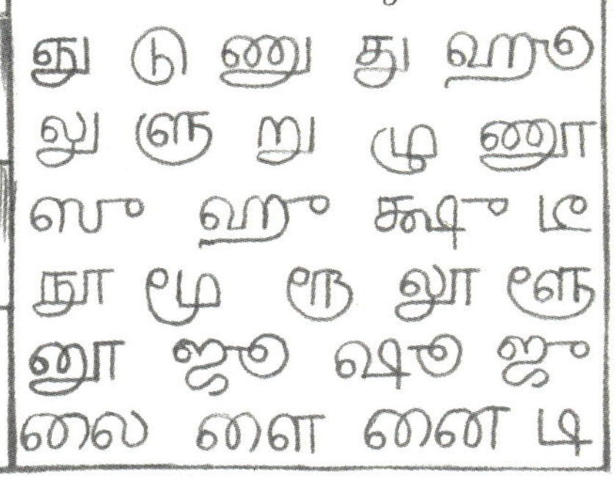

Thonmi Sambhota (8. Jh.), tibetischer Minister

TIBETISCH (UCHEN)

ཨ	ཨི	ཨུ	ཨེ	ཨོ			
a	i	u	e	o			
ཀ	ཁ	ག	ང	ཅ	ཆ	ཇ	ཉ
k	kh	g	ng	c	ch	j	ny
ཏ	ཐ	ད	ན	པ	ཕ	བ	མ
t	th	d	n	p	ph	b	m
ཙ	ཚ	ཛ	ཝ	ཞ	ཟ	འ	ཡ
ts	tsh	dz	w	zh	z	'	y
ར	ལ	ཤ	ས	ཧ	ཨ		
r	l	sh	s	h	–		

Tibetisch gehört zusammen mit Chinesisch und Birmanisch zur sinotibetischen Sprachfamilie. Die tibetische Schrift ist eine Abugida mit vielen diakritischen Zeichen und Konsonanten-Ligaturen.

INDISCHE SCHRIFTEN: INDOCHINA

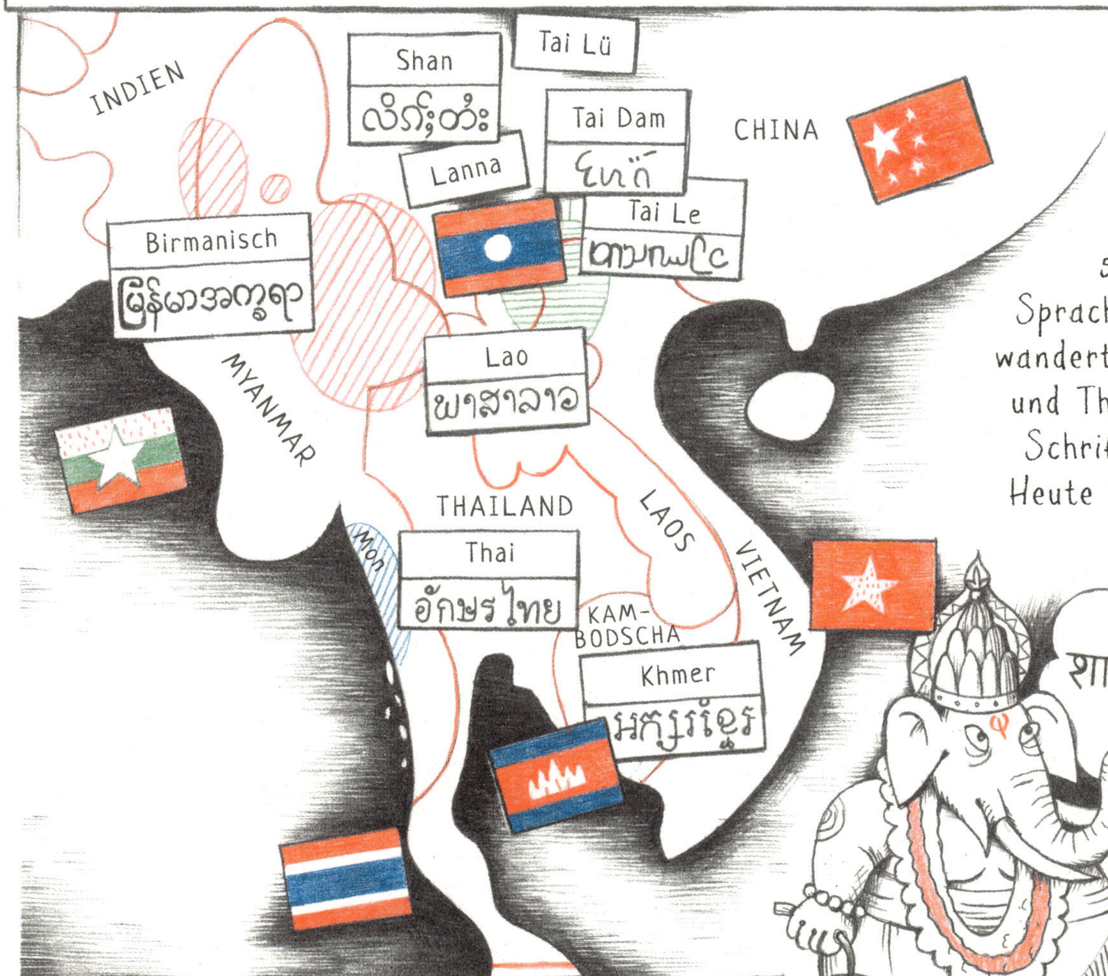

Händler und Mönche aus Indien brachten den Hinduismus und Buddhismus nach Indochina und damit auch altindische Schriften, die im 5.–7. Jh. an Mon- und Khmer-Sprachen angepasst wurden. Später wanderten aus dem Norden Birmanen und Thais ein und übernahmen diese Schriften von den Mon und Khmer. Heute haben vier Länder jeweils ein eigenes Schriftsystem!

អក្សរខ្មែរ KHMER-SCHRIFT

ist auch heute offizielle Schrift in Kambodscha.

ក	KA	ឌ	DO	ម	MO	◌ី	ii	◌ោ	OO	ឧ	QU
ខ	KHA	ឍ	TTHO	យ	YO	◌ឹ	Y	◌ៅ	AU	ឨ	QUK
គ	KO	ណ	NNO	រ	RO	◌ឺ	YY	◌ុំ	U+	ឩ	QUU
ឃ	KHO	ត	TA	ល	LO	◌ុ	U	◌ំ		ឪ	QUUV
ង	NGO	ថ	THA	វ	VO	◌ូ	UU	◌ាំ		ឯ	QE
ច	CA	ទ	TO	ស	SA	◌ួ	UA	◌ះ		ឰ	QAi
ឆ	CHA	ធ	THO	ហ	HA	◌ើ	OE	◌ុះ		ឱ	QOO
ជ	CO	ន	NO	ឡ	LA	◌ឿ	YA	◌េះ		ឳ	QAU
ឈ	CHO	ប	BA	អ	QA	◌េ	E	◌ោំ		ឫ	RY
ញ	NYO	ផ	PHA			◌ៀ	iE			ឬ	RYY
ដ	DA	ព	PO	◌ា	AA	◌ែ	AE	ឥ	Qi	ឭ	LY
ឋ	TTHA	ភ	PHO	◌ិ	i	◌ៃ	Ai	ឦ	Qii	ឮ	LYY

BIRMANISCH မြန်မာအက္ခရာ

อักษรไทย THAI-SCHRIFT

					ฟ f ↓	ฦ lue	อ –	ี ī	ใ ai
ก k –	ง ng ↓	ญ y ↓	ณ n ↓	น n ↓	ภ bh ↓	ว w ↓	ฮ h ↓	ึ ue	ไ ai
ข kh ↑	จ ch –	ฎ d –	ด d –	บ b –	ม m ↓	ศ s ↑	ะ a	ื ūe	อ o
ฃ kh ↑	ฉ ch ↑	ฏ t –	ต t –	ป p –	ย y ↓	ษ s ↑	ั a	ุ u	ว ua
ฅ kh ↓	ช ch ↓	ฐ th ↑	ถ th ↑	ผ ph ↑	ร r ↓	ส s ↑	า ā	ู ū	
ค g ↓	ซ s ↓	ฑ th ↓	ท d ↓	ฝ f ↑	ฤ ri	ห h ↑	ำ am	เ e	
ฆ gh ↓	ฌ ch ↓	ฒ th ↓	ธ dh ↓	พ b ↓	ล l ↓	ฬ l ↓	ิ i	โ o	

Töne

่	tiefer Ton / fallender Ton
้	fallender Ton / hoher Ton
๊	hoher Ton
๋	steigender Ton
็	kurze Aussprache
์	über stummen Konsonanten

Die laotische Sprache und Schrift ist eng mit dem Thailändischen verwandt.

ກ·k ສ·s ດ·d ຕ·t

SCHRIFTEN DER TAI-KADAI-VÖLKER

Neben Thai und Laoten leben etwa 90 weitere verwandte Tai-Kadai-Völker in Indochina und Südchina. Oft sind diese Völker unter unterschiedlichen Namen bekannt. Manchmal vereinigen die Behörden verschiedene Stämme willkürlich unter einem Namen. Einige Tai-Kadai-Völker haben eigene Schriftsysteme, die von indischen Abugidas bzw. von der birmanischen Schrift oder der Thai-Schrift abgeleitet wurden.

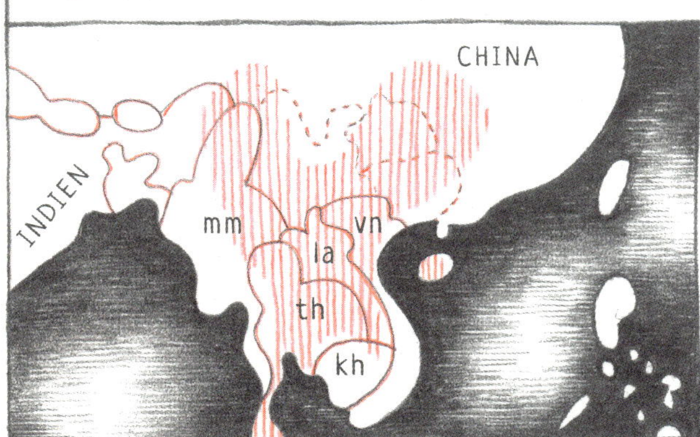

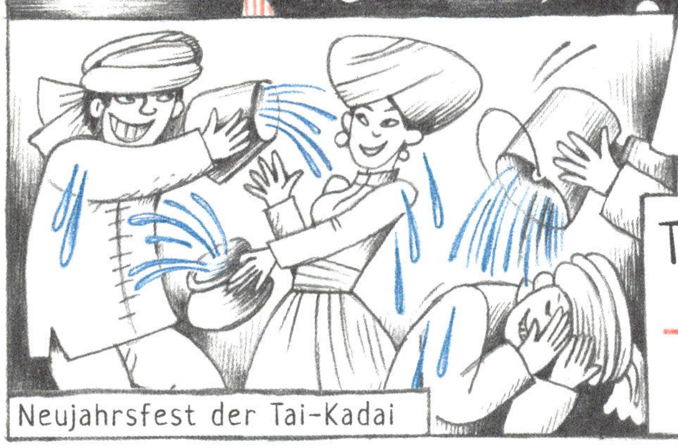
Neujahrsfest der Tai-Kadai

INDISCHE SCHRIFTEN: INSULARES SÜDOSTASIEN

Auf den Tausenden Inseln Südostasiens leben Hunderte Völker mit unterschiedlichen Sprachen und Kulturen. Die Kunst des Schreibens brachten Händler und Mönche aus Indien auf die Inseln (etwa im 6. Jh. nach Java, im 9. Jh. auf die Philippinen). Im 15. Jh. kamen Araber und mit ihnen der Islam und die arabische Schrift. Im 16.–17. Jh. wurden die Inseln von Europäern kolonisiert. Deswegen ist LATEINISCH auch heute überall die einzige offizielle Schrift.

Alte Abugidas haben jedoch überlebt und werden bis heute benutzt.

JAVANISCH

Die älteste und meistverbreitete Schrift und Ausgangsform für weitere indonesische Schriften. Besonders schön ist die javanische Interpunktion!

Das Satzzeichen Purwapada schreibt man z. B. am Anfang eines Gedichts.

BATAK

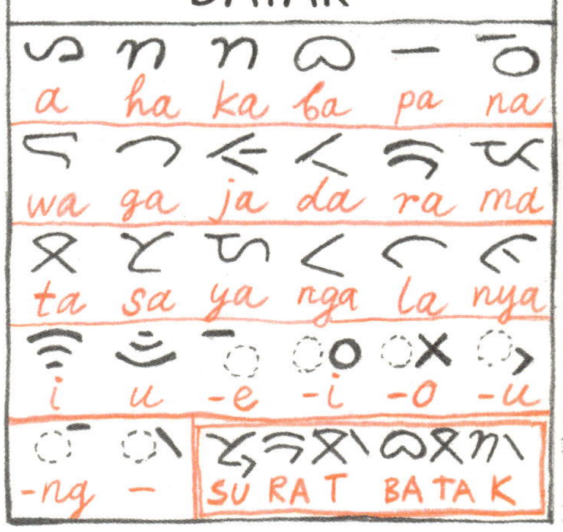

Die Batak haben eine eigene Schrift für ihre Orakel-Faltbücher. Andere Inselvölker behielten ihre uralten Lebensweisen bei, blieben schriftlos und pflegen – wie die Toraja auf Sulawesi – alte, für uns Europäer bizarre Sitten.

DAYAK-IBAN
Hey, Jungs: Kopfjagd ist uncool, es wäre an der Zeit, sich der Zivilisation zuzuwenden. Lernt mal das Alphabet!
Die Dayak-Stämme auf der Insel Borneo lebten als Jäger und Sammler im Dschungel und besaßen keine eigene Schrift. Erst 1947 erfand Dunging anak Gunggu (1904–1985) eine Silbenschrift für die Dayak-Sprache Iban.
is oi oh cha ja ah op ga ut
LONTARA / BUGINESISCH
ka ga nga ngka pa ba
ma mpa ta da na nra
ca ja nya nca ya ra
la wa sa a ha
-i -u -e -ə -o
TAGALOG (BAYBAYIN)
ba ka da/ra ga ha la ma
na nga pa sa ta wa ya
a e/i o/u -e/-i -o/u
Einst hatten wir ein Alphabet und eigene Buchstaben, die verschwunden sind wie ein Boot, erfasst vom Gewitter im stürmischen Meer …
José Rizal (1861–1896), philippinischer Nationalheld
Tagalog ist eine von 170 philippinischen Sprachen und Basis der heutigen Amtssprache Filipino. Sie hat mehrere Millionen Sprecher. Vor der spanischen Eroberung wurde sie mit der Baybayin-Schrift geschrieben. Heute wird Tagalog nur noch zu Dekorationszwecken (Tattoos, Logos, Banknoten etc.) benutzt. Es gibt Vorschläge, sie zur offiziellen Schrift zu machen.
¡Viva la República!
Feuer!
In den Wäldern hinter den Chocolate Hills auf der Insel Bohol lebt die geheimnisvolle Aussteiger-Gemeinschaft Eskaya. Ihr Gründer Mariano Datahan, ein ehemaliger Soldat, erfand auch eine Kunstsprache und eine Silbenschrift für Gebete und Gesänge. Über die Ursprünge der Sprache gab es die wildesten Theorien: von Hebräisch bis außerirdisch ist alles dabei.
Mariano Datahan (1875–1949)
ESKAYA
46 Grundzeichen, 1065 Silbenzeichen
a wa bla bra gla gra
kra pa pla pra ma nga
ap ag al am an ar
e be ble bre ce ke
pre ge gle gre je che

Kapitel 3

Schriften-Schöpfer

KAUKASISCHE ALPHABETE

ARMENISCH

Աա	A	Ծծ	Z	Ջջ	dsh
Բբ	B	Կկ	K	Ռռ	rr
Գգ	G	Հհ	H	Սս	S
Դդ	D	Ձձ	ds	Վվ	W
Եե	je	Ղղ	gh	Տտ	T
Զզ	S	Ճճ	tsch	Րր	R
Էէ	Ê	Մմ	M	Ցց	Z'
Ըը	Ẹ	Յյ	j	Ււ	U
Թթ	T'	Նն	N	Փփ	P'
Ժժ	sh	Շշ	sch	Քք	K'
Իի	i	Ոո	(w)o	Օօ	O
Լլ	L	Չչ	tsch'	Ֆֆ	F
Խխ	ch	Պպ	P		

GEORGISCH

ა	A	მ	M	ღ	gh
ბ	B	ნ	N	ყ	q'
გ	G	ო	O	შ	sch
დ	D	პ	P'	ჩ	ch
ე	E	ჟ	zh	ც	ts
ვ	V	რ	R	ძ	dz
ზ	Z	ს	S	წ	ts'
თ	T	ტ	th	ჭ	ch'
ი	i	უ	U	ხ	kh
კ	K'	ფ	P	ჯ	j
ლ	L	ქ	K	ჰ	H

Das armenische und das georgische Alphabet werden auch heute noch benutzt. Als Albania im 10. Jh. erobert wurde, verschwanden seine Sprache und Schrift. Manche heutige Völker – Lesgier, Udinen, Zachuren – halten sich für Nachkommen der Bewohner Albanias und nutzen ALWANISCH als Symbol ihrer Identität. Im Alltag schreiben sie jedoch mit dem kyrillischen oder dem lateinischen Alphabet.

(nicht nur)
SLAWISCHE ALPHABETE
Lieber Bruder, es wäre an der Zeit, diese Slawen zum Christentum zu bekehren! Wir müssen wohl für sie die Bibel übersetzen. Griechisch verstehen sie ja nicht.
Kyrill (827–869) & Method (815–885)
Aber diese unmöglichen Zischlaute! Wir sollten ein extra Alphabet dafür erfinden!
Dann ehren wir unseren Gott und beginnen mit einem Kreuz!
Gute Idee!
A
Die Brüder machen's aber kompliziert. Man kann doch griechische Buchstaben nehmen und ein paar Zeichen aus dem Hebräischen oder aus dem Koptischen hinzufügen.
ש Ϣ → Ш
צ → Ц
Kliment von Ohrid (840–916)
GLAGOLIZA (von glagol (slaw.) = Wort)
A B V G D E 3 DZ Z i/j
i/j DŽ K L M N O P R S
T U F CH O ŠT TS Č Š [ɯ]
Y [ɨ] [ə] [æ] ju ja jö jẽ jõ th Y
KYRILLISCHE SCHRIFT
А Б В Г Д Е Ё Ж З И
A B V G D E jo 3 Z i
Й К Л М Н О П Р С Т
j K L M N O P R S T
У Ф Х Ц Ч Ш Щ Ъ Ы Ь
U F CH TS Č Š ŠČ ..' Y ..'
Э Ю Я
[ɛ] ju ja
Ђ Љ Њ Ћ Џ
DŽ LJ NJ TĆ TS
Nur in Kroatien hat die Glagoliza als Kirchenschrift bis ins 20. Jh. überlebt. Sie gilt dort heute als nationales Symbol.
Kyrillisch wird außer für die russische Sprache noch für ca. 100 nicht-slawische Sprachen verwendet. In elf Ländern ist sie Amtsschrift.
RUSSLAND
by
UKRAINE
MONGOLEI
KASACHSTAN
rs
bg
kg
tj
Für nationale Varianten fügt man Sonderzeichen hinzu: Ґ, Ғ, Ҡ, Қ, Ұ, Ө, Ў, Ы, ПІ, ЦІ, Ж, Ӟ, Й, Һ, Ӯ

MONGOLISCHE ALPHABETE
1204
Großer Khan! Der Typ da sagt, er könne lesen und schreiben!
Mein Reich dehnt sich bereits vom Japanischen bis zum Kaspischen Meer aus. Da verliert man schon den Überblick. Wir sollten langsam anfangen, alles aufzuschreiben. Aber Mongolisch ist keine Schriftsprache ... Hey du, erfinde sofort ein Alphabet für mich!
Was mach ich bloß?! Ich kenne nur Uigurisch und Aramäisch ...
Nicht schlecht! Von oben nach unten?! Originell! Genau wie ich!
Oh Gott, er hält das Blatt falsch ...
Tata-Tonga, uigurischer Gelehrter
Dschingis Khan (~1160–1227)
A E i O/U Ö/Ü Ē N NG B P Q G M L S SH T
D CH J Y R W F K KH TS Z H Ž LH ZH CH
Mongolische Schriften werden heute von Mongolen und verwandten Völkern neben den anderen Schriftsystemen (Chinesisch, Kyrillisch etc.) verwendet.
RUSSLAND
Kalmücken
Burjaten
KASACHSTAN
MONGOLEI
Oiraten
Innere Mongolei
Xibe
KOREA
IRAN
CHINA
Grenze des Dschingis-Khan-Imperiums
Für mein Volk der Oiraten muss ich die alte mongolische Schrift ändern. Ich nenne meine Version Todo-Bichig, Klare Schrift.
So viele Formen für einen Buchstaben braucht keiner. Für die burjatische Sprache kann ich die mongolische Schrift vereinfachen und nenne sie Vagindra.
Zaya Pandita (1599–1662)
Agwan Dorshijew (1854–1938)

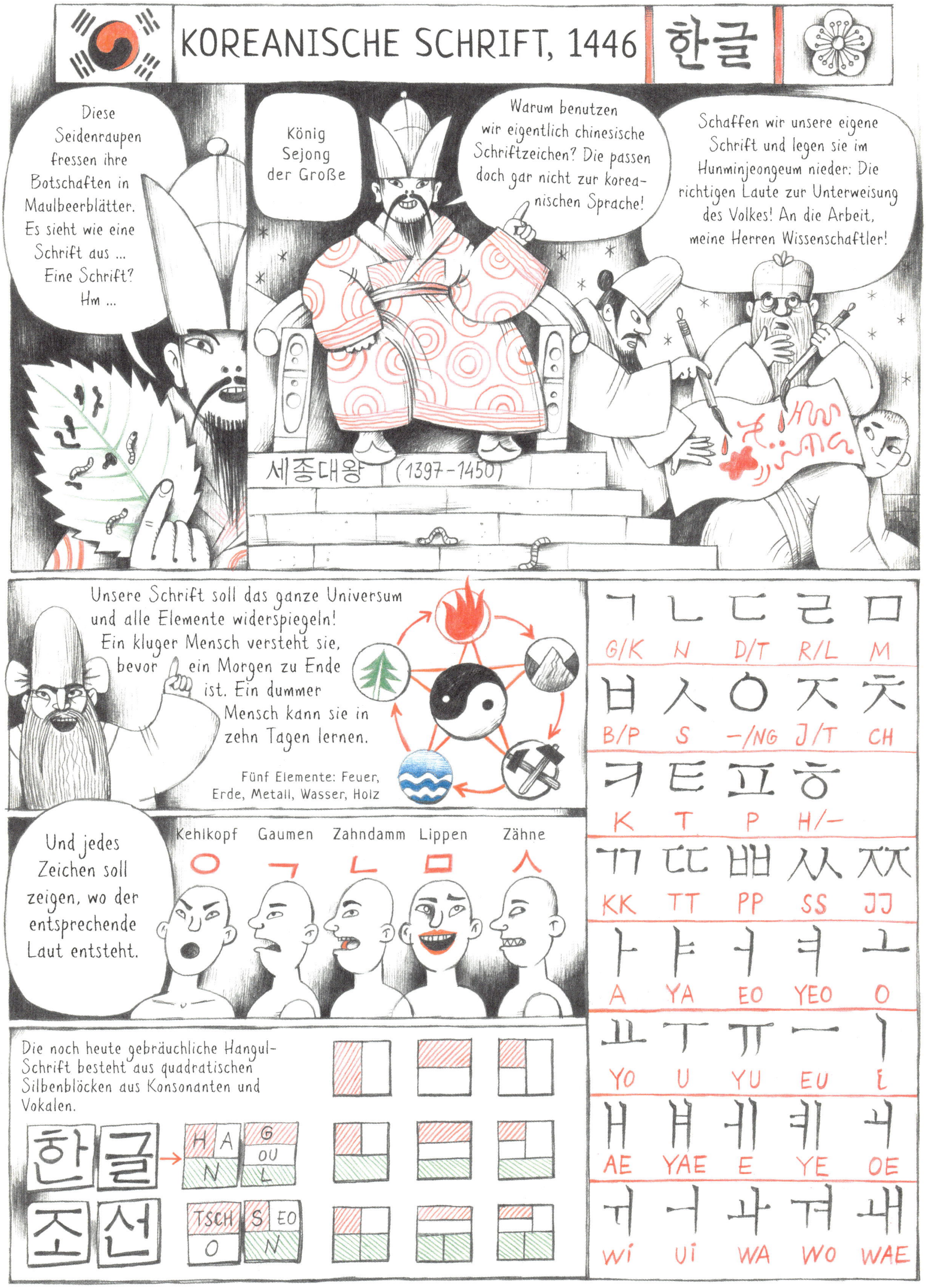

KOREANISCHE SCHRIFT, 1446
한글
Diese Seidenraupen fressen ihre Botschaften in Maulbeerblätter. Es sieht wie eine Schrift aus ... Eine Schrift? Hm ...
König Sejong der Große
Warum benutzen wir eigentlich chinesische Schriftzeichen? Die passen doch gar nicht zur koreanischen Sprache!
Schaffen wir unsere eigene Schrift und legen sie im Hunminjeongeum nieder: Die richtigen Laute zur Unterweisung des Volkes! An die Arbeit, meine Herren Wissenschaftler!
세종대왕 (1397–1450)
Unsere Schrift soll das ganze Universum und alle Elemente widerspiegeln! Ein kluger Mensch versteht sie, bevor ein Morgen zu Ende ist. Ein dummer Mensch kann sie in zehn Tagen lernen.
Fünf Elemente: Feuer, Erde, Metall, Wasser, Holz
Und jedes Zeichen soll zeigen, wo der entsprechende Laut entsteht.
Kehlkopf ㅇ
Gaumen ㄱ
Zahndamm ㄴ
Lippen ㅁ
Zähne ㅅ
Die noch heute gebräuchliche Hangul-Schrift besteht aus quadratischen Silbenblöcken aus Konsonanten und Vokalen.
한글 → H A N / G OU L
조선 TSCH O / S EO N
ㄱ G/K ㄴ N ㄷ D/T ㄹ R/L ㅁ M
ㅂ B/P ㅅ S ㅇ –/NG ㅈ J/T ㅊ CH
ㅋ K ㅌ T ㅍ P ㅎ H/–
ㄲ KK ㄸ TT ㅃ PP ㅆ SS ㅉ JJ
ㅏ A ㅑ YA ㅓ EO ㅕ YEO ㅗ O
ㅛ YO ㅜ U ㅠ YU ㅡ EU ㅣ i
ㅐ AE ㅒ YAE ㅔ E ㅖ YE ㅚ OE
ㅟ wi ㅢ ui ㅘ WA ㅝ WO ㅙ WAE

SCHRIFTEN DER ADIVASI

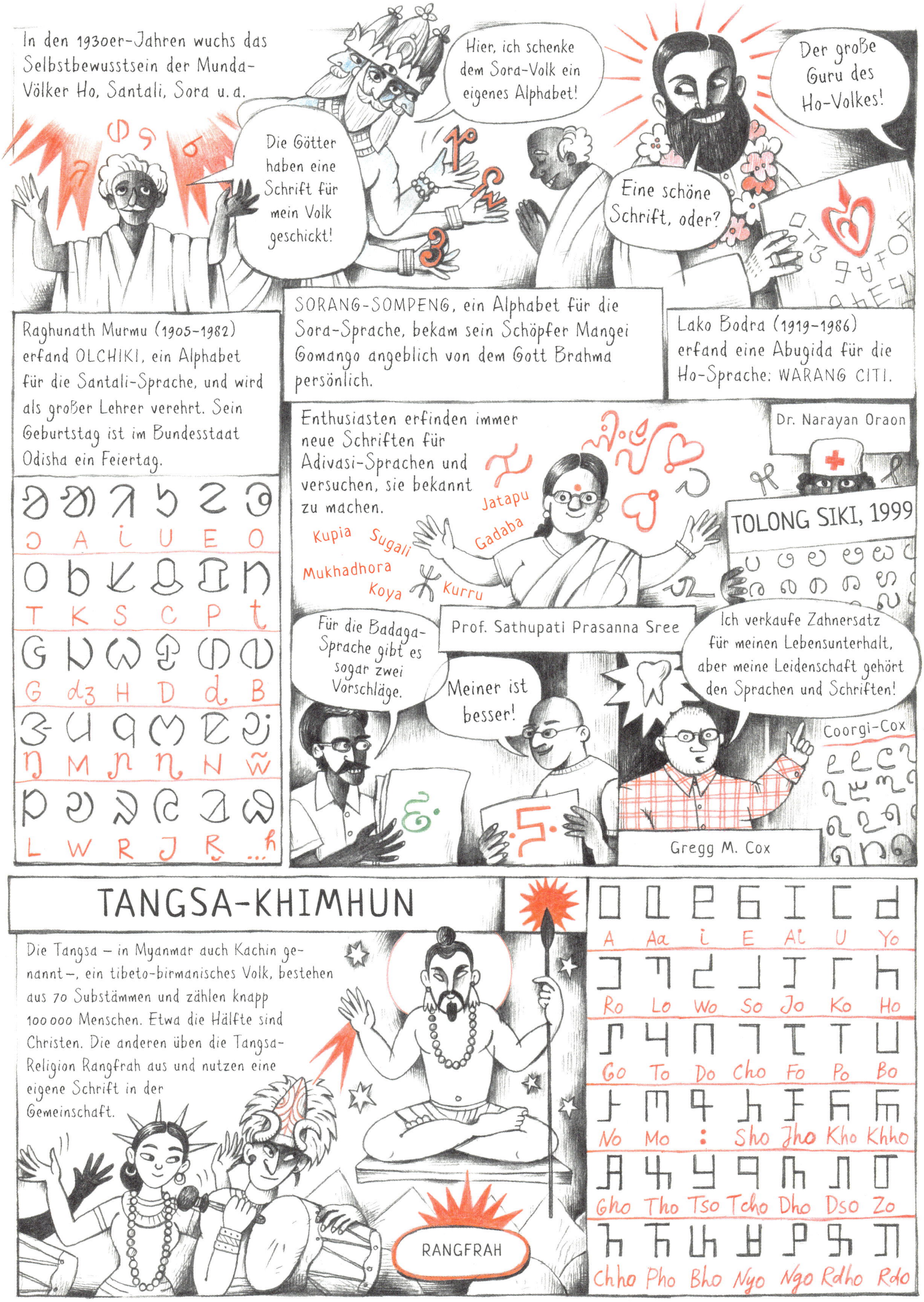
In den 1930er-Jahren wuchs das Selbstbewusstsein der Munda-Völker Ho, Santali, Sora u. a.
Die Götter haben eine Schrift für mein Volk geschickt!
Hier, ich schenke dem Sora-Volk ein eigenes Alphabet!
Eine schöne Schrift, oder?
Der große Guru des Ho-Volkes!
Raghunath Murmu (1905–1982) erfand OLCHIKI, ein Alphabet für die Santali-Sprache, und wird als großer Lehrer verehrt. Sein Geburtstag ist im Bundesstaat Odisha ein Feiertag.
SORANG-SOMPENG, ein Alphabet für die Sora-Sprache, bekam sein Schöpfer Mangei Gomango angeblich von dem Gott Brahma persönlich.
Lako Bodra (1919–1986) erfand eine Abugida für die Ho-Sprache: WARANG CITI.
ↄ A i U E O
T K S C P t
G dʒ H D d B
ŋ M ɲ ɳ N w̃
L W R J Ṛ ...h
Enthusiasten erfinden immer neue Schriften für Adivasi-Sprachen und versuchen, sie bekannt zu machen.
Jatapu
Kupia
Sugali
Gadaba
Mukhadhora
Koya
Kurru
Dr. Narayan Oraon
TOLONG SIKI, 1999
Prof. Sathupati Prasanna Sree
Für die Badaga-Sprache gibt es sogar zwei Vorschläge.
Meiner ist besser!
Ich verkaufe Zahnersatz für meinen Lebensunterhalt, aber meine Leidenschaft gehört den Sprachen und Schriften!
Coorgi-Cox
Gregg M. Cox
TANGSA-KHIMHUN
Die Tangsa – in Myanmar auch Kachin genannt –, ein tibeto-birmanisches Volk, bestehen aus 70 Substämmen und zählen knapp 100 000 Menschen. Etwa die Hälfte sind Christen. Die anderen üben die Tangsa-Religion Rangfrah aus und nutzen eine eigene Schrift in der Gemeinschaft.
RANGFRAH
A Aa i E Ai U Yo
Ro Lo Wo So Jo Ko Ho
Go To Do Cho Fo Po Bo
No Mo : Sho Jho Kho Khho
Gho Tho Tso Tcho Dho Dso Zo
Chho Pho Bho Nyo Ngo Rdho Rdo

NEUE SCHRIFTEN DER BERGVÖLKER

In den unzugänglichen Bergen und Dschungeln Südostasiens haben viele indigene Völker (Hill Tribes) ihre Heimat. Jahrhundertelang lebten sie traditionell und isoliert von der restlichen Bevölkerung. Es gab zahlreiche Analphabeten unter ihnen. Schließlich nahmen sie den Kampf für ihre Rechte und gegen ihre Diskriminierung auf. Es kam zu mehreren Guerillakriegen: die „Heilige Khom-Rebellion" in Laos 1901–1936, der Hmong-Aufstand in Vietnam 1918–1921, der Karen-Unabhängigkeitskrieg in Myanmar seit 1948, die United Front for the Liberation of Oppressed Races (FULRO) in Vietnam, Laos und Kambodscha 1964–1992 etc. Oft verlief der Protest auch friedlich. Eine eigene Schrift galt dabei immer als wichtiges Merkmal einer „echten Nation".

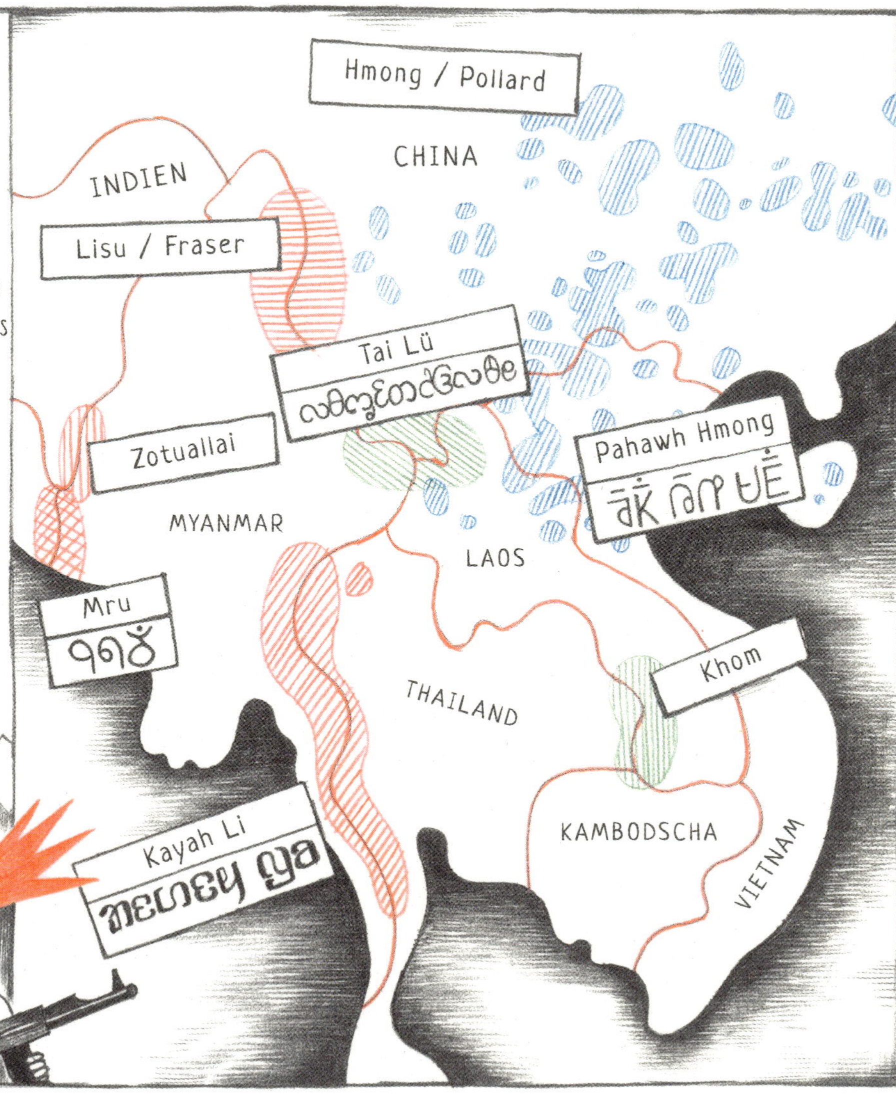

Pollard-Miao-Schrift, 1905

Samuel Pollard (1864–1915), britischer Missionar

Pau Cin Hau

Pau Cin Hau (1859–1948), ein Bauer aus dem Tedim-Stamm des in Myanmar, Bangladesch und Indien lebenden Chin-Volkes, fühlte sich vom Gott Pasian berufen, eine neue Religion zu predigen. 1902 erfand Pau Cin Hau ein eigenes Schriftsystem namens ZOTUALLAI, um Offenbarungen und Hymnen aufzuschreiben. Einige Gemeinden der Pasian-Sekte leben bis heute in Myanmars Bergen.

Lisu-Schrift, 1915

James O. Fraser (1886–1938), britischer Missionar, beim Volk der Lisu in China

Khom-Schrift, 1924

Die in Laos lebenden Khom-Völker kämpften für die Unabhängigkeit von der französischen und laotischen Herrschaft. Ihr Anführer Ong Kommandam (?–1936) hielt sich für einen Zauberer und erfand für sein Volk eine ungewöhnliche Abugida, die Zauberkräfte haben sollte.

Pahawh Hmong, 1959

Shong Lue Yang (1929–1971), einfacher Bauer und Analphabet, ging unter die Hmongs, um zu predigen und seine „göttliche Schrift" PAHAWH HMONG zu verbreiten. Viele Hmongs in Laos und Vietnam lernten so lesen und schreiben und verehren Shong Lue Yang als einen Propheten.

Pahawh ist eine frei erfundene Mischung aus Alphabet und Silbenschrift. Es gibt 104 Zeichen für Vokale mit den Tönen

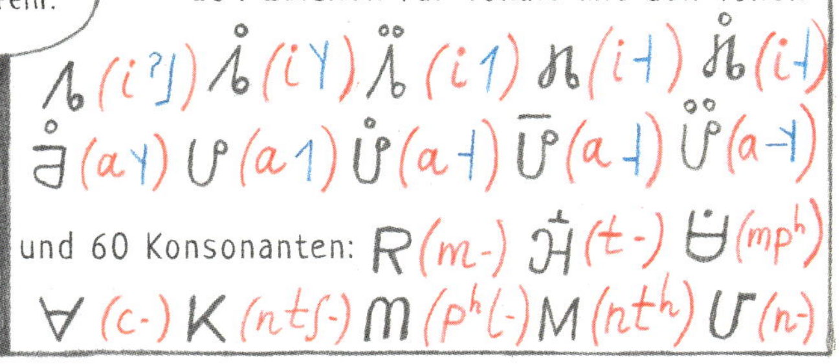

Karen-Schrift (Kayah Li), 1962

Als Karen bezeichneten die Kolonialherren 15 verwandte Völker: Phlong, Kaya Li, Pa'o, Padaung etc. Seit 1948 herrscht Bürgerkrieg mit vielen Toten und Flüchtlingen zwischen den Karen und der birmanischen Regierung. Khu Htae Bu Phae erfand 1962 ein Karen-Alphabet, ein Symbol des Unabhängigkeitsanspruchs.

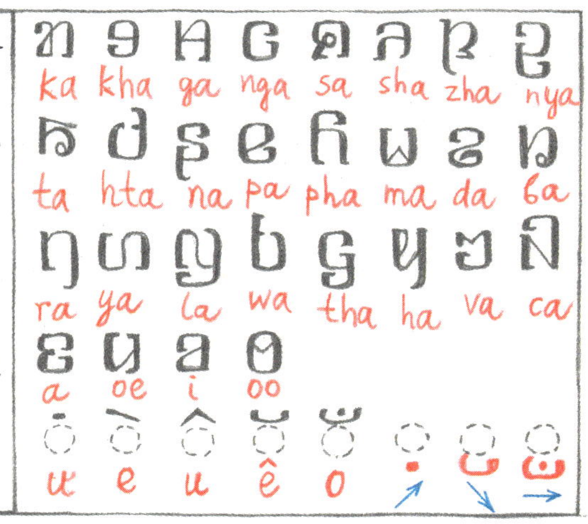

Mro: Krama-Schrift, 1980

Die Mru oder Mro sind ein Stamm des Chin-Volkes. Der Legende nach bekamen sie von Gott ihre Schrift und Gesetze, aber eine Kuh fraß alle Bücher! So saßen die Mru mit leeren Händen da, bis schließlich Menlay Murang um 1980 eine Schrift für ihre Sprache erfand.

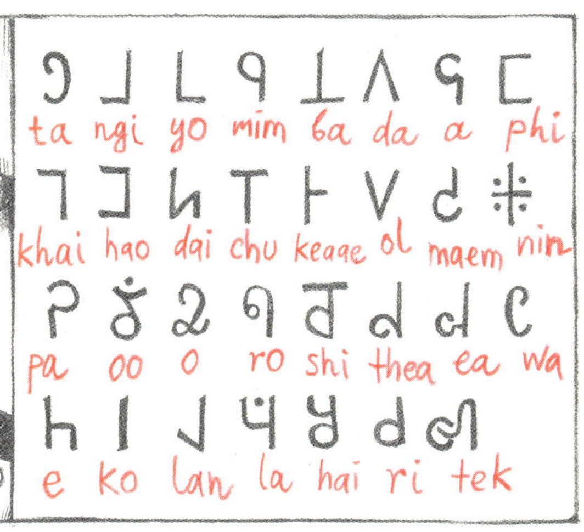

AFRIKANISCHE SCHRIFTEN

In Afrika gibt es über 2000 Sprachen, viele davon sind recht kompliziert und manche noch gar nicht erforscht. Aber es gibt nur drei offizielle Schriften auf dem Kontinent – eine Folge der langen Kolonisation. Stammeshäuptlinge, Lehrer und einfache Bauern bemühen sich vielerorts beharrlich um das Verschriften ihrer Muttersprachen.

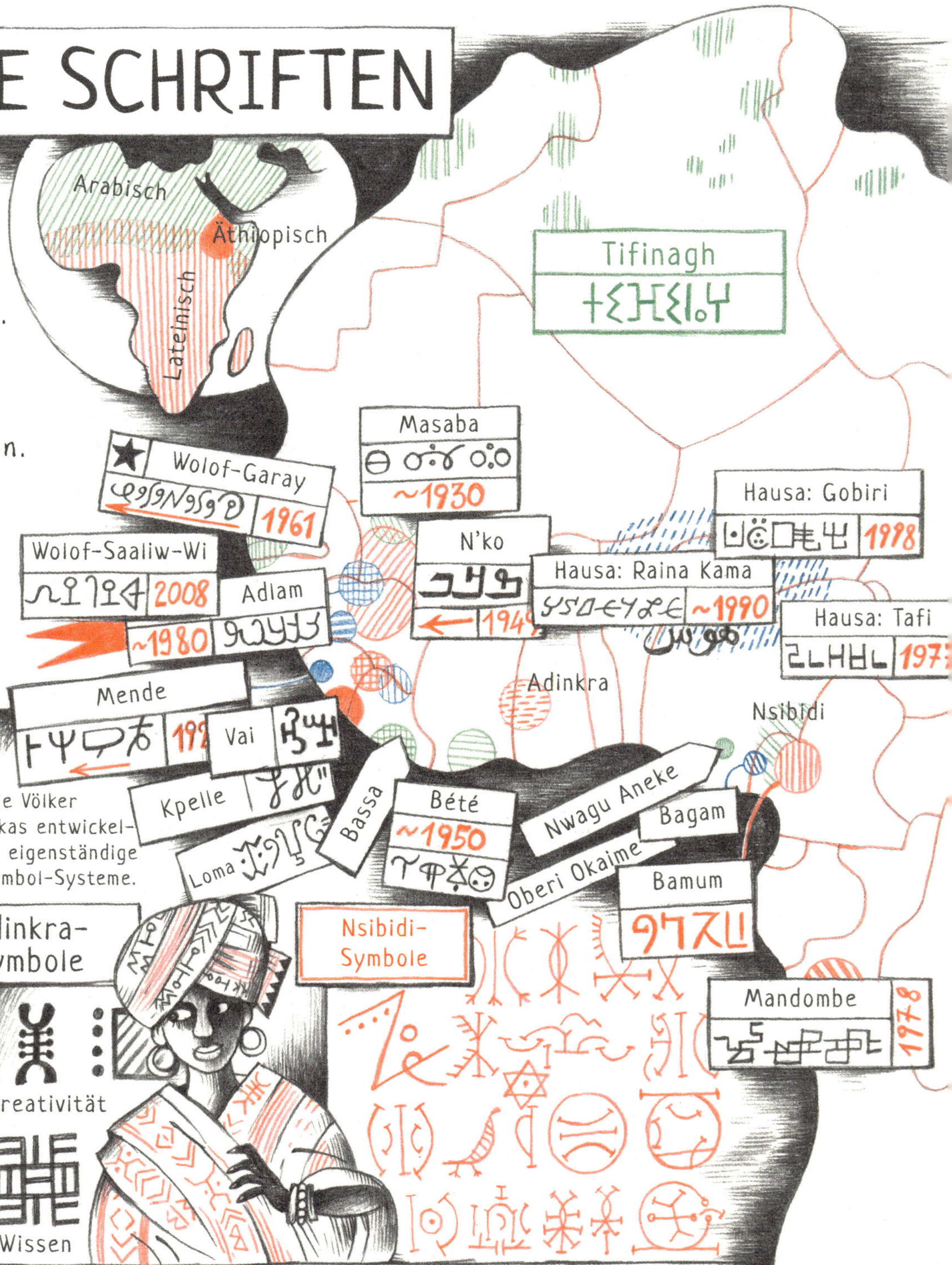

1818 kamen erste afro-amerikanische Siedler, u. a. aus dem Cherokee-Gebiet, in die neu gegründete Kolonie Liberia. Momolu Duwalu Bukele, ein Adeliger des Vai-Volkes, lernte viel von den Neuankömmlingen.

VAI-SCHRIFT, 1830

VAI ist die erste afrikanische Schrift der Neuzeit. Sie besteht aus einigen Logogrammen:

Kopf hören Mensch sterben

und etwa 300 Silbenzeichen:

be ba mbe mba fe

fa de di do le

ke ka ko ku ne nu

Ibrahim Njoya, König von Bamum (~1860–1933)

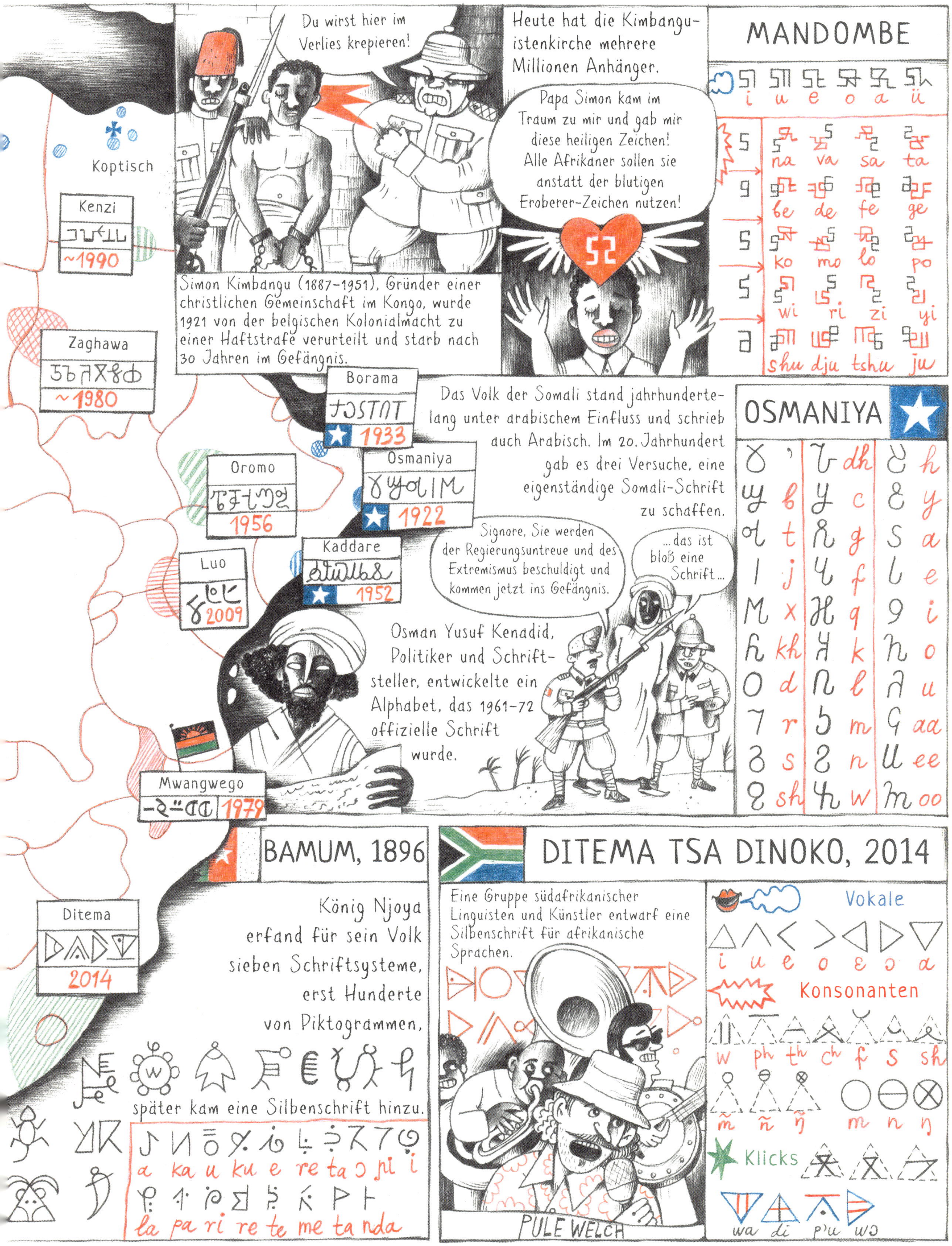

Du wirst hier im Verlies krepieren!
Simon Kimbangu (1887–1951), Gründer einer christlichen Gemeinschaft im Kongo, wurde 1921 von der belgischen Kolonialmacht zu einer Haftstrafe verurteilt und starb nach 30 Jahren im Gefängnis.
Heute hat die Kimbanguistenkirche mehrere Millionen Anhänger.
Papa Simon kam im Traum zu mir und gab mir diese heiligen Zeichen! Alle Afrikaner sollen sie anstatt der blutigen Eroberer-Zeichen nutzen!
MANDOMBE
i u e o a ü
na va sa ta
be de fe ge
ko mo lo po
wi ri zi yi
shu dju tshu ju
Koptisch
Kenzi
~1990
Zaghawa
~1980
Borama
1933
Osmaniya
1922
Oromo
1956
Kaddare
1952
Luo
2009
Mwangwego
1979
Das Volk der Somali stand jahrhundertelang unter arabischem Einfluss und schrieb auch Arabisch. Im 20. Jahrhundert gab es drei Versuche, eine eigenständige Somali-Schrift zu schaffen.
OSMANIYA
' b t j x kh d r s sh
dh c g f q k l m n w
h y a e i o u aa ee oo
Signore, Sie werden der Regierungsuntreue und des Extremismus beschuldigt und kommen jetzt ins Gefängnis.
... das ist bloß eine Schrift ...
Osman Yusuf Kenadid, Politiker und Schriftsteller, entwickelte ein Alphabet, das 1961–72 offizielle Schrift wurde.
BAMUM, 1896
König Njoya erfand für sein Volk sieben Schriftsysteme, erst Hunderte von Piktogrammen,
später kam eine Silbenschrift hinzu.
a ka u ku e re ta ɔ ʃi i
la pa ri re te me ta nda
Ditema
2014
DITEMA TSA DINOKO, 2014
Eine Gruppe südafrikanischer Linguisten und Künstler entwarf eine Silbenschrift für afrikanische Sprachen.
PULE WELCH
Vokale
i u e o ɛ ɔ a
Konsonanten
w ph th ch f s sh
m̃ ñ ŋ̃ m n ŋ
Klicks
wa di p'u wɔ

MI'KMAQ-HIEROGLYPHEN

SILBENSCHRIFT DER KANADISCHEN UREINWOHNER

James Evans (1801–1846), methodistischer Missionar

Chief Bauzhi-Geezhig-Waeshikum

CREE-SILBENSCHRIFT

Evans nutzte Stenografie, um die Cree-Schrift zu schaffen. Jedes Zeichen ist eine Silbe, durch Drehen des Elements werden verschiedene Vokale wiedergegeben: ᑎ – ti, ᑐ – to, ᑕ – ta usw. Folgt dem Konsonanten kein Vokal, wird er in halber Größe gesetzt. Lange Vokale werden mit einem Punkt gekennzeichnet. Für zusätzliche Laute anderer Sprachen wurden später weitere Zeichen erfunden: ᗯ, ᖆ, B, ᗄ, ᑊ, ᔦ, ᖇ, ᑌ, ᐯ usw.

		P	T	K	C	M	N	S	Š	Y	W	R	L
Ê	ᐁ	ᐯ	ᑌ	ᑫ	ᒉ	ᒣ	ᓀ	ᓭ	ᔐ	ᔦ	ᐍ	ᕃ	ᓓ
i	ᐃ	ᐱ	ᑎ	ᑭ	ᒋ	ᒥ	ᓂ	ᓯ	ᔑ	ᔨ	ᐏ	ᕆ	ᓕ
Î	ᐄ	ᐲ	ᑏ	ᑮ	ᒌ	ᒦ	ᓃ	ᓰ	ᔒ	ᔩ	ᐑ	ᕇ	ᓖ
O	ᐅ	ᐳ	ᑐ	ᑯ	ᒍ	ᒧ	ᓄ	ᓱ	ᔓ	ᔪ	ᐓ	ᕈ	ᓗ
Ô	ᐆ	ᐴ	ᑑ	ᑰ	ᒎ	ᒨ	ᓅ	ᓲ	ᔔ	ᔫ	ᐕ	ᕉ	ᓘ
A	ᐊ	ᐸ	ᑕ	ᑲ	ᒐ	ᒪ	ᓇ	ᓴ	ᔕ	ᔭ	ᐘ	ᕋ	ᓚ
Â	ᐋ	ᐹ	ᑖ	ᑳ	ᒑ	ᒫ	ᓈ	ᓵ	ᔖ	ᔮ	ᐚ	ᕌ	ᓛ
	ᐦ	ᑊ	ᐟ	ᐠ	ᐨ	ᒼ	ᐣ	ᐢ	ᐡ	ᐩ	ᐤ	ᣔ	ᣕ
	ᐦ	ᑉ	ᑦ	ᒃ	ᒡ	ᒻ	ᓐ	ᔅ	ᔥ	ᔾ	ᐤ	ᕐ	ᓪ
	H	P	T	K	C	M	N	S	Š	Y	W	R	L

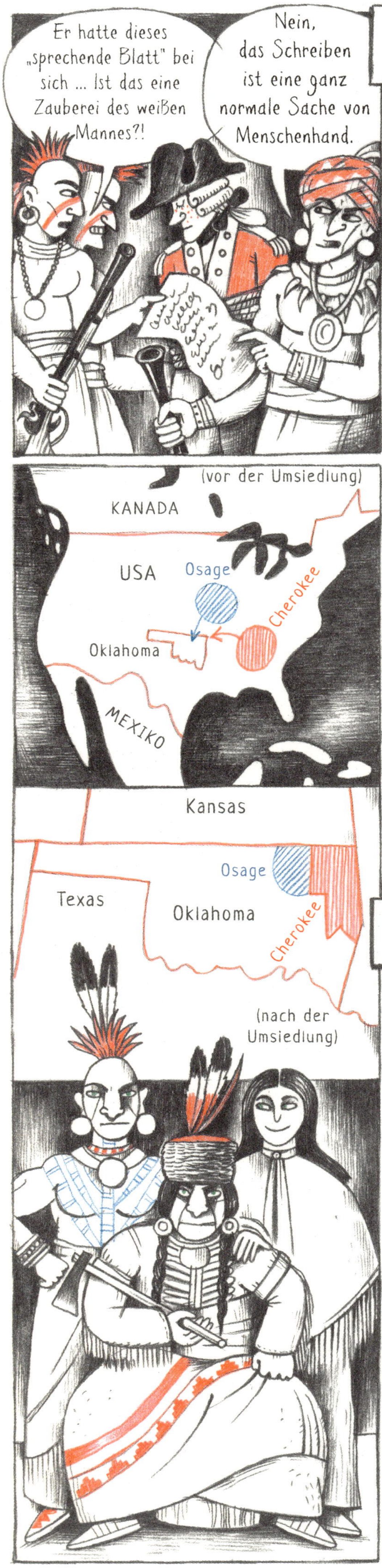

CHEROKEE-SILBENSCHRIFT / ᏣᎳᎩ ᏕᏬᏂᎯᏍᏗ

Sequoyah (1763–1843)

Die Cherokee gehörten zu den fünf Indianernationen, die viele Errungenschaften von den Weißen übernahmen und um 1820 eine eigene Regierung gründeten. 1821 stellte der Krieger Sequoyah seinem Stamm mit großem Erfolg die von ihm erfundene Schrift vor. Bald konnten fast alle Cherokee lesen und schreiben und druckten sogar ihre eigene Zeitung. Die Cherokee sind heute das größte Indianervolk Nordamerikas und pflegen ihre Kultur, ihre Sprache und ihre Schrift.

	A	E	I	O	U	V
	Ꭰ	Ꭱ	Ꭲ	Ꭳ	Ꭴ	Ꭵ
G/K	Ꭶ Ꭷ	Ꭸ	Ꭹ	Ꭺ	Ꭻ	Ꭼ
H	Ꭽ	Ꭾ	Ꭿ	Ꮀ	Ꮁ	Ꮂ
L	Ꮃ	Ꮄ	Ꮅ	Ꮆ	Ꮇ	Ꮈ
M	Ꮉ	Ꮊ	Ꮋ	Ꮌ	Ꮍ	
N/HN	Ꮎ Ꮏ Ꮐ	Ꮑ	Ꮒ	Ꮓ	Ꮔ	Ꮕ
QU	Ꮖ	Ꮗ	Ꮘ	Ꮙ	Ꮚ	Ꮛ
S	Ꮜ Ꮝ	Ꮞ	Ꮟ	Ꮠ	Ꮡ	Ꮢ
D/T	Ꮣ Ꮤ	Ꮥ Ꮦ	Ꮧ Ꮨ	Ꮩ	Ꮪ	Ꮫ
DL/TL	Ꮬ Ꮭ	Ꮮ	Ꮯ	Ꮰ	Ꮱ	Ꮲ
TS	Ꮳ	Ꮴ	Ꮵ	Ꮶ	Ꮷ	Ꮸ
W	Ꮹ	Ꮺ	Ꮻ	Ꮼ	Ꮽ	Ꮾ
Y	Ꮿ	Ᏸ	Ᏹ	Ᏺ	Ᏻ	Ᏼ

WAH-ZHA-ZHE-ALPHABET

Die Osage sind ein kleiner Indianerstamm aus der Sioux-Familie. Als 2005 mit Lucille Roubedeaux die letzte Person starb, die noch die gleichnamige Stammessprache beherrschte – alle anderen Osage unterhielten sich auf Englisch –, startete ein Programm zur Wiederbelebung ihrer Sprache. Der Osage-Lehrer Herman Lookout erfand 2006 sogar ein eigenständiges Alphabet namens WAH-ZHA-ZHE (so nannten sich die Osage einst selbst). Heute gibt es Kurse, in denen die Kinder die Sprache ihrer Vorfahren lernen können.

Herman Mongrain Lookout & Michael Everson, amerikanisch-irischer Sprachwissenschaftler und Unicode-Experte

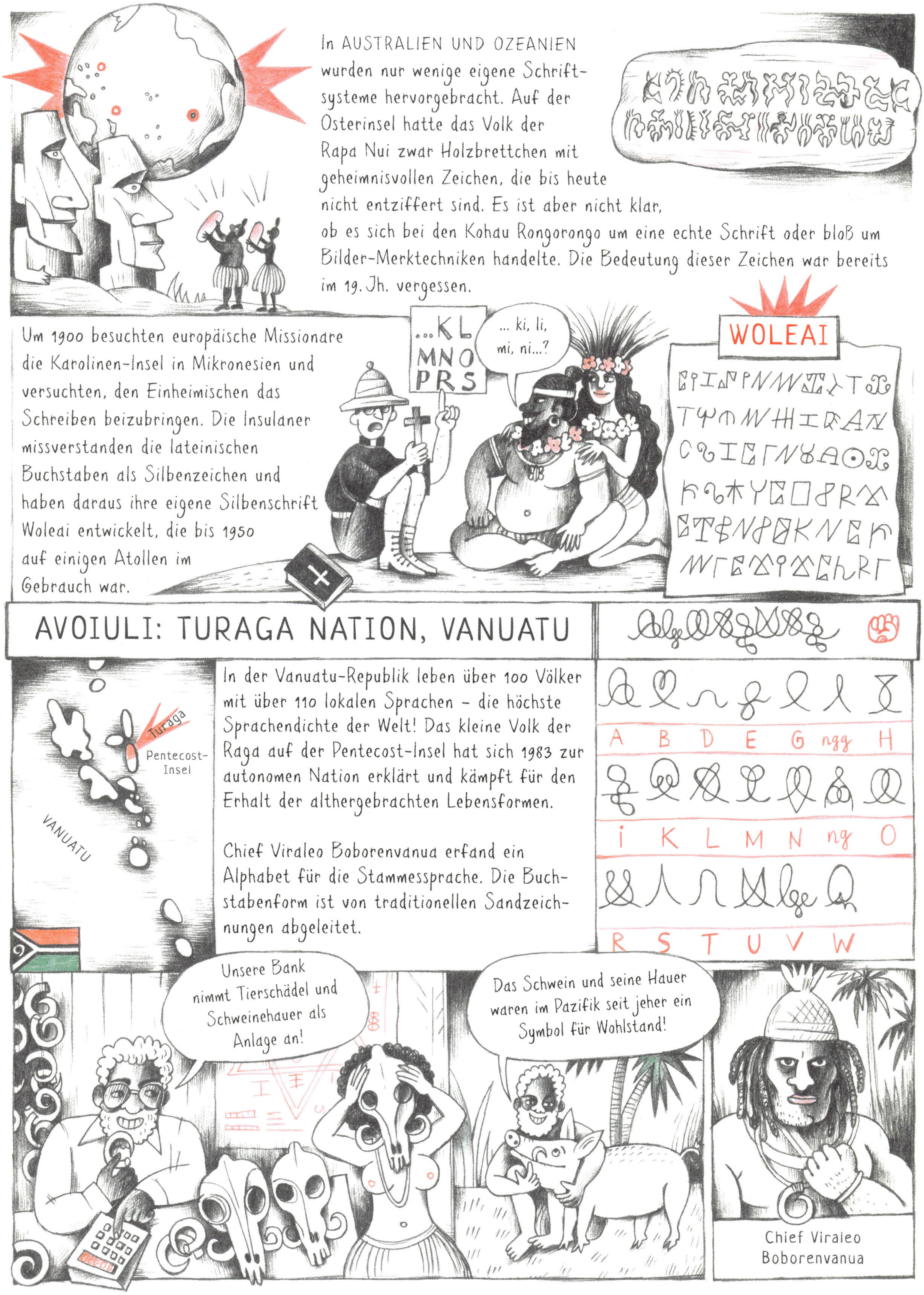
In AUSTRALIEN UND OZEANIEN wurden nur wenige eigene Schriftsysteme hervorgebracht. Auf der Osterinsel hatte das Volk der Rapa Nui zwar Holzbrettchen mit geheimnisvollen Zeichen, die bis heute nicht entziffert sind. Es ist aber nicht klar, ob es sich bei den Kohau Rongorongo um eine echte Schrift oder bloß um Bilder-Merktechniken handelte. Die Bedeutung dieser Zeichen war bereits im 19. Jh. vergessen.
Um 1900 besuchten europäische Missionare die Karolinen-Insel in Mikronesien und versuchten, den Einheimischen das Schreiben beizubringen. Die Insulaner missverstanden die lateinischen Buchstaben als Silbenzeichen und haben daraus ihre eigene Silbenschrift Woleai entwickelt, die bis 1950 auf einigen Atollen im Gebrauch war.
...KL MNO PRS
... ki, li, mi, ni...?
WOLEAI
AVOIULI: TURAGA NATION, VANUATU
Turaga
Pentecost-Insel
VANUATU
In der Vanuatu-Republik leben über 100 Völker mit über 110 lokalen Sprachen – die höchste Sprachendichte der Welt! Das kleine Volk der Raga auf der Pentecost-Insel hat sich 1983 zur autonomen Nation erklärt und kämpft für den Erhalt der althergebrachten Lebensformen.
Chief Viraleo Boborenvanua erfand ein Alphabet für die Stammessprache. Die Buchstabenform ist von traditionellen Sandzeichnungen abgeleitet.
A B D E G ngg H
i K L M N ng O
R S T U V W
Unsere Bank nimmt Tierschädel und Schweinehauer als Anlage an!
Das Schwein und seine Hauer waren im Pazifik seit jeher ein Symbol für Wohlstand!
Chief Viraleo Boborenvanua

ALTPERMISCHE SCHRIFT ANBUR

Das finno-ugrische Volk der Komi hatte im Mittelalter ein eigenes Fürstentum: Groß-Perm. Ihre Fürsten waren schlau genug, sich nicht mit Moskau anzulegen – sie wurden zuerst russische Verbündete und später Untertanen. Im Zuge dessen kam Stefan Permski (~1340–1396), ein vom Missionierungsgedanken beseelter Mönch, nach Groß-Perm, um zu predigen. Er verfolgte gnadenlos den traditionellen Glauben und übersetzte Kirchenbücher in die Komi-Sprache. Dafür erfand er sogar ein eigenes Alphabet, das bis ins 18. Jh. verwendet wurde. Heute wird diese Anbur genannte Schrift als Identitätssymbol der Komi wiederbelebt.

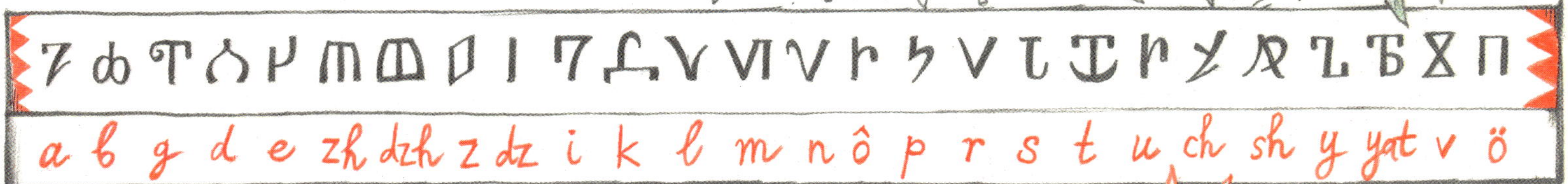

BÜTHAKUKYE

Bis 1912 hatten die Albaner keinen eigenen Staat. Sie lebten unter fremden Eroberern.

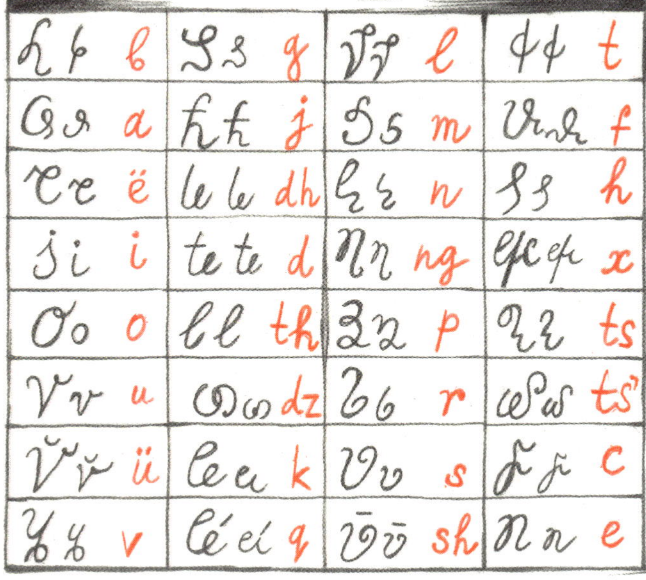

Unter osmanischer Herrschaft traten viele Albaner zum Islam über, andere blieben Christen.
Die meisten Albaner konnten weder lesen noch schreiben. Es gab keine Schulen mit Albanisch-Unterricht und keine Bücher in albanischer Sprache. Die wenigen Gebildeten mussten Türkisch, Italienisch oder Griechisch beherrschen.

Naum Veqilharxhi (1797–1846)

KUNSTSCHRIFTEN

Schriftsteller, Comiczeichner, Filme- und Computerspielemacher erfinden oft Kunstsprachen und -alphabete für die Außerirdischen, Fabelwesen oder Zukunftsmenschen ihrer Fantasiewelten. Die vielleicht erste Kunstsprache der europäischen Literatur entwarf die deutsche Nonne, Universalgelehrte und Künstlerin Hildegard von Bingen im 12. Jh.

LITTERAE IGNOTAE

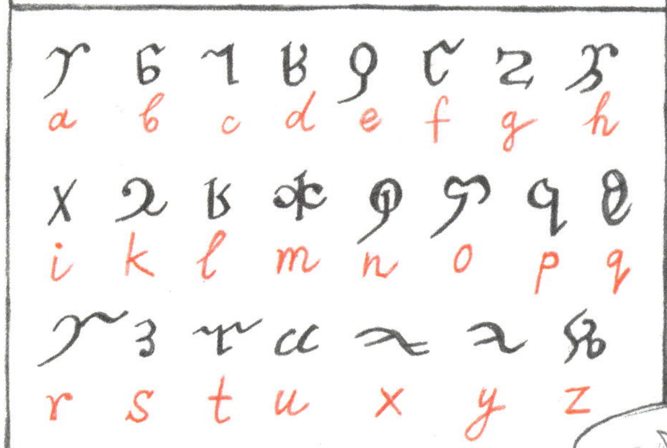

1516 erschien ein Buch, das eine neue Richtung in der Literatur einschlug und das politische Denken für Jahrhunderte beeinflusste: Thomas Morus' „Utopia". Das Buch beschreibt eine Fantasiegesellschaft auf einer fiktiven Insel. Seitdem heißt jede erfundene Zukunftswelt, um die es sich in vielen Science-Fiction-Romanen dreht, „Utopie". Eine Fantasiesprache hat Morus auch kreiert.

UTOPIENSIUM ALPHABETUM

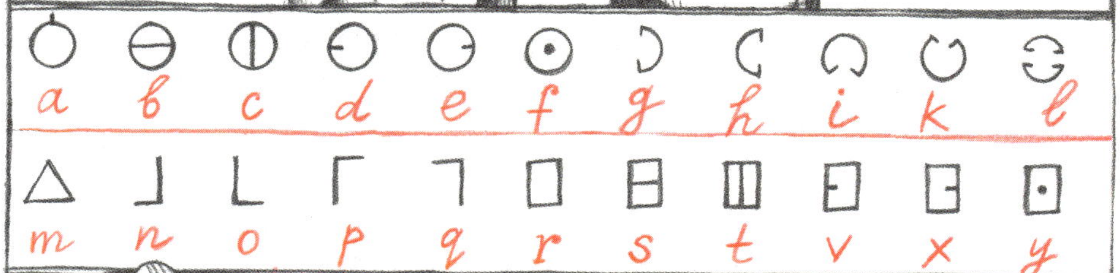

Der französische Hochstapler George Psalmanazar (1679–1763) gab sich für einen Taiwanesen aus. Er freute sich diebisch über sein neugieriges Publikum und brachte sogar ein Buch über seine „Heimat" heraus. Eine „taiwanesische" Sprache und ein Alphabet dazu erfand der Gauner auch!

SCHRIFTEN IN MITTELERDE

John Ronald Reuel Tolkien
(1892–1973)

Der britische Sprachwissenschaftler und Schriftsteller J. R. R. Tolkien, berühmt für sein Epos „Der Herr der Ringe", beherrschte mehrere Sprachen und erfand selbst mehr als 15 neue mitsamt Alphabet – für Elben, Zwerge und Hobbits.

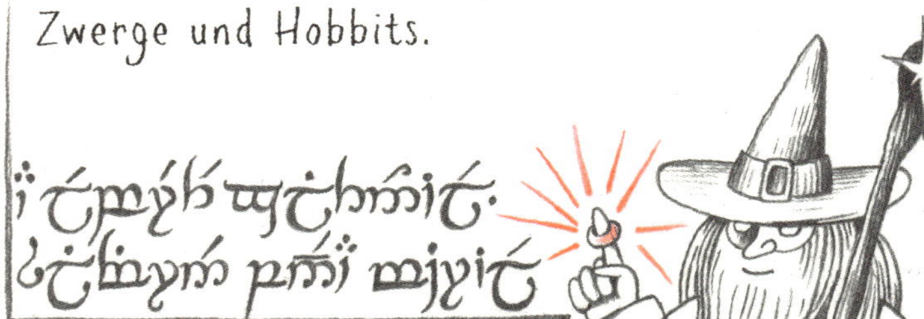

TENGWAR

Tyeller (Zeilen)	Témar (Spalten) 1	2	3	4	Zusätzliche Buchstaben	
1	t / t / t	p / p / p	c[k] / c[k] / tsh	qu / – / c[k]	r / r / r	z / – / ss
2	nd / d / d	mb / b / b	ng / g / dzh	ngw / – / g	rd / rh / rh	z / – / ss
3	s / th / th	f / f / f	ch / ch / sh	hw / – / ch	l / l / l	hy / h / h
4	nt / dh / dh	mp / v / v	nc / – / zh	nqu / – / gh	ld / lh / lh	hw / hw / hw
5	n / nn / n	m / mm / m	n / ng / ñ	nw / – / ng	s / s / s	i / e / e/y
6	r / n / r	v/w / m / w	– / o / y	v/w / w / –	s / y / s	u / u / u

Für Vokale gibt es diakritische Zeichen über voranstehenden oder folgenden Konsonanten.

a e i o u y

CIRTH

p	th	g	nw	ng	e	ə
b	dh	kh	r–j	nd / nj	ē	ʌ
f	n–r	gh	rh / zh	i/y	a	ps
v	ch	ŋ	l	y	ā	ts
hw	j	kw	lh	hy	o	+h
m	sh	gw	ng / nd	u	ō	ea
mh / mb	zh	khw	s–h	ū	ö	&
t	nj / z	ghw	s–,	w	n	ai
d	k	ngw	z / ŋ	ü	h / s	au / aw

TM & © 2019 CBS Studios Inc. STAR TREK and related marks are trademarks of CBS Studios Inc. All Rights reserved.

Anhang

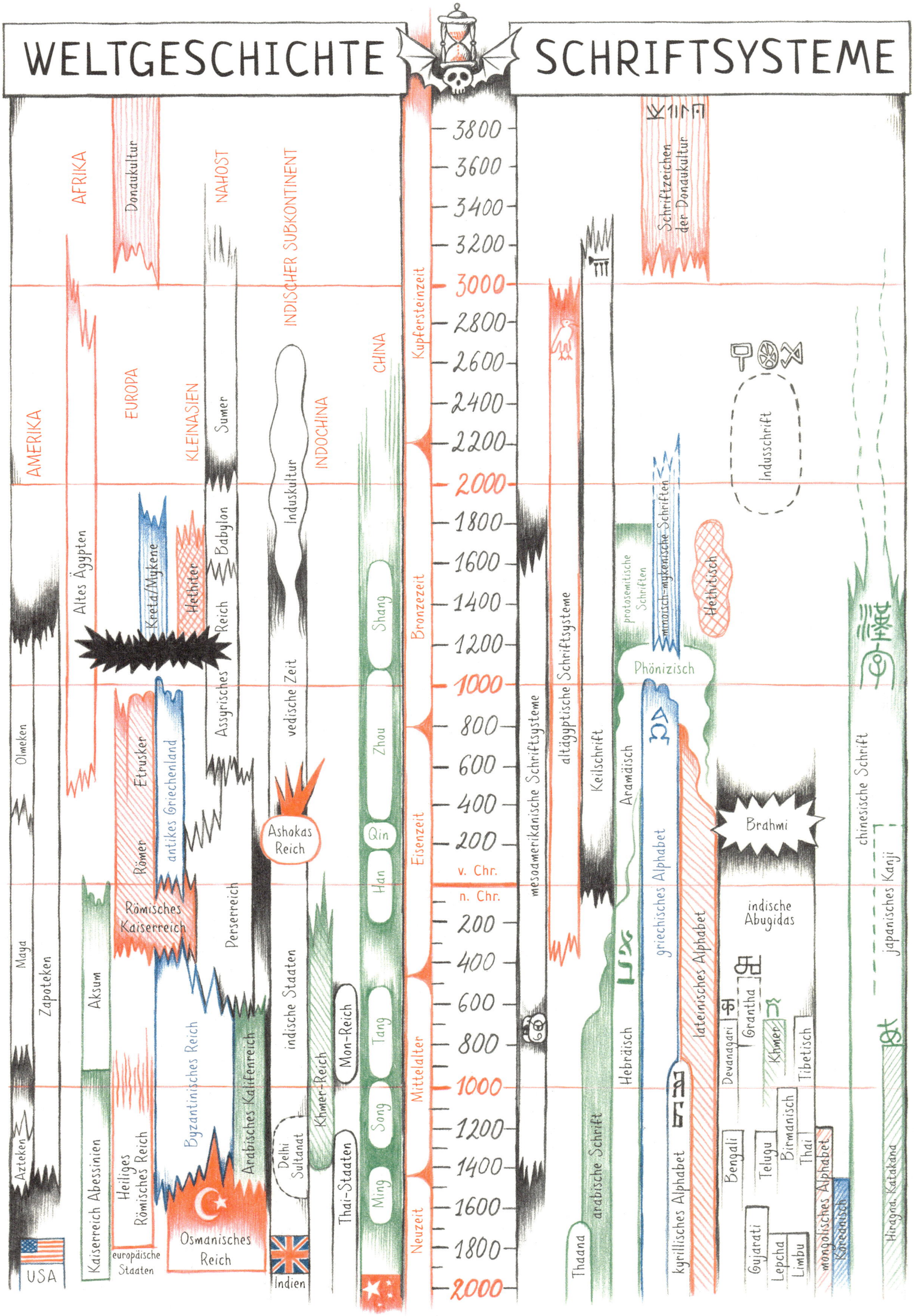
WELTGESCHICHTE
SCHRIFTSYSTEME
3800
3600
3400
3200
3000
2800
2600
2400
2200
2000
1800
1600
1400
1200
1000
800
600
400
200
v. Chr.
n. Chr.
200
400
600
800
1000
1200
1400
1600
1800
2000
Kupfersteinzeit
Bronzezeit
Eisenzeit
Mittelalter
Neuzeit
AMERIKA
AFRIKA
EUROPA
KLEINASIEN
NAHOST
INDISCHER SUBKONTINENT
INDOCHINA
CHINA
Donaukultur
Sumer
Babylon
Reich
Assyrisches
Altes Ägypten
Kreta/Mykene
Hethiter
Induskultur
vedische Zeit
Olmeken
Etrusker
Römer
antikes Griechenland
Ashokas Reich
Shang
Zhou
Qin
Han
Römisches Kaiserreich
Perserreich
Maya
Zapoteken
Aksum
Byzantinisches Reich
Arabisches Kalifenreich
indische Staaten
Khmer-Reich
Mon-Reich
Tang
Song
Ming
Azteken
Kaiserreich Abessinien
Heiliges Römisches Reich
Osmanisches Reich
Delhi Sultanat
Thai-Staaten
USA
europäische Staaten
Indien
Schriftzeichen der Donaukultur
altägyptische Schriftsysteme
Keilschrift
mesoamerikanische Schriftsysteme
Indusschrift
protosemitische Schriften
minoisch-mykenische Schriften
Hethitisch
Phönizisch
Aramäisch
griechisches Alphabet
lateinisches Alphabet
Brahmi
chinesische Schrift
japanisches Kanji
indische Abugidas
arabische Schrift
Hebräisch
kyrillisches Alphabet
Devanagari
Grantha
Khmer
Tibetisch
Bengali
Telugu
Birmanisch
Thai
Gujarati
Lepcha
Limbu
mongolisches Alphabet
Koreanisch
Hiragana, Katakana
Thaana

NACHWORT DES AUTORS

Die Vielfalt der Schriftsysteme, die die Menschheit erfunden hat, ist faszinierend. Es ist schon erstaunlich, auf welch unterschiedlichen Wegen man die gesprochene Rede erfassen kann, wie unerschöpflich die Kreativität der Menschen ist, was für Geschichten und Persönlichkeiten mit vielen Schriftsystemen verbunden sind! Die Schönheit der vielfältigen Zeichen, selbst und vielleicht sogar vor allem dann, wenn man sie gar nicht versteht, macht ebenfalls große Freude.

Jedes Schriftsystem ist auf seine Weise ganz schön komplex und ursprünglich an eine bestimmte Sprache gebunden. Es gibt viele, manchmal unbegreiflich erscheinende Regeln. Auf nur einer Buchseite kann man das Ganze gar nicht erklären. Man braucht schon ein Lehrbuch, besser noch einen guten Lehrer und sehr viel Zeit, um Arabisch, Thailändisch oder Japanisch richtig zu lernen – vor allem auch die Schrift. Dieses Buch ist nur ein Versuch, eine Grundvorstellung zu vermitteln und Neugier zu wecken, und es kann natürlich nicht alle Schriften – man denke nur an die vielen Tausend chinesischen Schriftzeichen! – abbilden.

Heutzutage findet man im Internet sehr leicht unzählige Informationen, Anweisungen und Video-Tutorials zu jeder Sprache und jeder Schrift. In Städten wie Berlin, London, Neu-Delhi oder Beirut begegnen uns Schriftzeichen aus aller Welt in friedlichem Miteinander – auf T-Shirts, Tattoos oder Werbeplakaten. Arabisch, Äthiopisch, Bengalisch, Chinesisch oder Kyrillisch sind auch im „lateinischen" Westeuropa allgegenwärtig. Auch die Sprecher der seltensten Sprachen in den entferntesten Regionen sind nur einen Mausklick entfernt. Immer einfacher und breiter werden die Kodierungsmöglichkeiten, immer mehr Schriften kann man auf dem Computer oder Smartphone problemlos sehen und nutzen. Dabei sind die Zeiten, als die ganze Welt bloß mit 26 lateinischen Buchstaben in der elektronischen Kommunikation klarkommen musste, noch nicht lange her. Und heute: eine SMS in 4000 Jahre alter Keilschrift? Kein Problem! Eine E-Mail in Lontara-Schrift, die ehemals nur auf der Insel Sulawesi auf Palmblättern geschrieben wurde? Nichts leichter als das!

Unter dem Link www.unicode.org/charts/ ist jedes Unicode-Schriftsystem, das heißt der vollständige Zeichensatz jeder weltweit existierenden Schrift, leicht zu finden, z. B. der Unicodeblock Altpersisch. Wir erleben gerade die definitive Alphabetisierung der Erde, die endgültige Verschriftung aller existierenden Sprachen. Und man kann zu diesem Prozess sogar etwas beitragen: eine Schriftart für eine noch unbekannte Schrift entwickeln, eine noch nicht kodierte Schrift für den Unicode-Standard vorschlagen, damit sie in Zukunft auf dem Computer verwendbar ist, eine eigene Schrift erfinden! Wer kann schon sagen, wie es mit den Menschen und dem Schreiben weitergeht?! Es bleibt spannend.

NACHWORT VON PROF. JOHANNES BERGERHAUSEN

Zeichen über Zeichen! Es hat mir großen Spaß gemacht, dieses Buch zu lesen – und anzuschauen. Vitali Konstantinov hat die riesige Zeichenvielfalt wunderbar vorgestellt, illustriert und erzählt. Kompliment!

Da liegt die Frage nahe: Wie viele Schriftzeichen gibt es eigentlich? Hat sie schon mal jemand gezählt?

Von Hand wohl niemand. Aber die aktuelle Version 12.0 des Zeichen-Standards Unicode, der alle Zeichen — auch die Emojis — für alle Computer verfügbar macht, kommt auf die stolze Zahl von 137 929 Zeichen. Nicht gerade wenig. Zudem werden jedes Jahr neue Zeichen aufgenommen.

... und wie viele Schriftsysteme gibt es?

Das habe ich im Rahmen eines Forschungsprojekts die Linguistin Dr. Deborah Anderson aus den USA gefragt. Nachdem sie bei vielen Experten nachgehört und eine lange Liste angelegt hatte, meldete sie ein paar Monate später: Die Menschheit hat in ihrer Geschichte 292 Schriftsysteme erfunden.

Das ist ja fast übersichtlich im Vergleich zu den 7111 bekannten lebenden Sprachen, die die Internetsite ethnologue.com auflistet.

Erst etwas mehr als die Hälfte dieser 292 „writing systems" sind heute auf jedem Computer verfügbar. In Zukunft sollen die fehlenden noch ergänzt werden, damit alle Kulturen in ihrer eigenen Schrift schreiben können. So wird Unicode zu einer Art Vollversammlung der „Vereinten typografischen Nationen".

Als kleinen Überblick haben wir dazu 2019 diese Website ins Netz gestellt: worldswritingsystems.org. Dort gibt es auch ein Plakat als Übersicht zu allen Schriftsystemen und es finden sich viele weiterführende Links. Viel Spaß damit!

Prof. Johannes Bergerhausen
Typografie und Buchgestaltung
Hochschule Mainz

BUCHTIPPS UND LINKS

Johannes Bergerhausen: Digitale Keilschrift / Digital Cuneiform. Verlag Hermann Schmidt, 2014.

Johannes Bergerhausen, Siri Poarangan: Decodeunicode: Die Schriftzeichen der Welt. Verlag Hermann Schmidt, 2011.

Maria Carmela Betrò: Heilige Zeichen: 580 Ägyptische Hieroglyphen. Marix Verlag, 2004.

Peter T. Daniels, William Bright: The World's Writing Systems. Oxford University Press, 1996.

Harald Haarmann: Universalgeschichte der Schrift. Campus-Verlag, 1990.

Anja Kootz & Helma Pasch (Hg.): 5000 Jahre Schrift in Afrika: Entstehung, Funktionen, Wechsel. Universitäts- und Stadtbibliothek Köln, 2009.

Martin Kuckenburg: Eine Welt aus Zeichen: Die Geschichte der Schrift. Konrad Theiss Verlag, 2015.

Decodeunicode, Hochschule Mainz: www.decodeunicode.org

International Phonetic Association: www.internationalphoneticassociation.org

Omniglot, Online-Enzyklopädie der Sprachen und Schreibsysteme: www.omniglot.com

Script Encoding Initiative: linguistics.berkeley.edu/sei

Unicode Consortium: www.unicode.org

Hochschule Mainz, ANRT Nancy & SEI Berkeley: www.worldswritingsystems.org. Von dort aus gelangt man bei jedem Schriftsystem zum englischen Wikipedia-Eintrag.

Anmerkungen und Übersetzungen

S. 7 2017 hat das Unicode-Konsortium weitere Emoji-Vorschläge (u. a. Frowning Pile Of Poo = „trauriges Häufchen“) abgelehnt, was zu einem heftigen Streit führte.

S. 9 Rebus „To be or not to be“ = Sein oder Nichtsein (Englisch): two bee oar knot two bee (zwei, Biene, Ruder, Knoten, zwei, Biene)

S. 10 Yerkish, eine Sprache mit 256 Symbolen für Verben und Konsonanten, wurde von Wissenschaftlern entwickelt, um mit Menschenaffen zu kommunizieren.

S. 11 Ovu-ia avakava? = Wo ist der Strand? (Rotokas)
Addio per sempre, amore! = Auf ewig lebe wohl, Geliebte! (Italienisch)
kàŋ!á'm kā ||ūm = Da ist der Springbock! (Khoisan-Sprache)

S. 13 Nah-ne-bah o-sa aun neen-no = Ich laufe herum in der Nacht (Ojibwe)

S. 21 ما هذا ؟ (ma hdha?) = Was ist das? (Arabisch)

S. 24 ご幸運を祈ります！(go kōuno inorimasu!) = Ich wünsche dir viel Glück! (Japanisch)

S. 29 Bedrich Hrozný: tschechischer Sprachwissenschafter, wurde für die erstmalige Entzifferung der Hethiter-Schrift bekannt.
Emile Gilliéron: Maler mit Schweizer Wurzeln, fertigte viele „Reproduktionen“ antiker Kunst an, die sich als Fälschungen herausstellten.
Arthur Evans: britischer Archäologe, wurde als Entdecker der minoischen Kultur berühmt. Bekannt ist er vor allem für die Ausgrabung des Palastes von Knossos.

S. 32 On gelt iz keyn velt = Ohne Geld gibt es keine Welt. (Jiddisch)

S. 33 Απόψε κάνεις μπάμ ... (Apópse káneis bam ...) = Heute Abend machst du es ... (Griechisch)
έλα! έλα! (éla! éla!) = Komm schon! Komm schon! (Griechisch)

S. 34 VERBA VOLANT, SCRIPTA MANENT = Die Worte verfliegen, Geschriebenes bleibt (lateinisches Sprichwort)
CLAVDIVS – Claudius, der römische Kaiser, 10 v. Chr.–54 n. Chr.

S. 35 Bạn đến từ đâu? = Woher kommst du? (Vietnamesisch)

S. 37 Jacob und Wilhelm Grimm: bekannt für ihre Sammlung deutscher Kinder- und Hausmärchen, Sprachwissenschaftler und Volkskundler. Sie gelten als Begründer der Germanistik.

S. 39 Abu al-Aswad al-Du'ali: arabischer Schriftgelehrter. Er entwickelte eine Grammatik, um vor allem mit Blick auf den Koran für ein korrektes Arabisch zu sorgen.

S. 40 Als Arier werden die Sprecher von indoiranischen Sprachen bezeichnet. Im Nationalsozialismus wurde der Begriff mit der Rassenidiologie verbunden, die zur Schoah führte.

S. 42 शान्तिः (śāntiḥ) = Shanti (der innere Frieden) (Sanskrit)

S. 45 ¡Viva la República! = Es lebe die Republik! (Spanisch)

S. 49 Kyrill und Method: Die beiden Brüder aus Saloniki, auch Slawenapostel genannt, waren sehr erfolgreich als Missionare im slawischen Raum unterwegs. Die kyrillische Schrift ist nach Kyrill benannt, der allerdings die ältere Glagoliza erfand.
Kliment von Ohrid: Schüler von Kyrill und Method und geistlicher Gelehrter, der die glagolitische Schrift reformierte

S. 51 Das Prinzip von Hangul gilt als so einfach, dass man das Lesen und Schreiben der Schrift innerhalb weniger Stunden lernen kann. Die logische Struktur ist weltweit anerkannt; die University of Oxford hat Hangul zum besten Schriftsystem der Gegenwart gekürt.

S. 52 Tony Koyu: indischer Historiker und Politiker, der 2001 die Schrift Tani Lipi für die indigene Bevölkerung des Bundesstaates Arunachal Pradesh erfand

S. 53 Dr. Naranyan Oraon: indischer Arzt, der für seine Muttersprehe Kurukh die Schrift Tolong Siki erfand
Prof. Sathupati Prasanna Sree: indische Linguistin, die über zehn verschiedene Schriftsysteme erfand, um es der indigenen Bevölkerung zu ermöglichen, ihre Traditionen zu bewahren
Gregg M. Cox: „greatest living linguist“. Eintrag im Guinness-Buch der Rekorde, spricht 64 Sprachen, hat das größte Sprachenlexikon der Welt veröffentlicht und das Coorgi-Cox-Alphabet für die indische Sprache Kodava erfunden.

S. 56 Nsibidi-Symbole wurden von Geheimgesellschaften in Nigeria benutzt. Vermutlich ist es eine Bildermerktechnik, keine wirkliche Schrift.

S. 57 Ditema tsa Dinoko heißt diese Silbenschrift in der Sesotho-Sprache; auf Zulu wird sie Isibheqe Sohlamvu genannt.
Pule Welch: südafrikanischer Comedian, Rapper und Linguist

S. 62 Gjuha Shqipe: Albanisch für „Albanische Sprache“ – hier in drei Schriften geschrieben: Latein, Griechisch und Arabisch

S. 63 Pieter Gillis: Der holländische Verleger von Thomas Morus hat wahrscheinlich die Schrift zu „Utopia“ mitkreiert.

S. 64 My precious! = Mein Schatz! (Englisch)

S. 65 yuDHa'ghach law' Hoch puS! = Ehrlichkeit ist die beste Taktik! (Klingonisch)

Worterklärungen

Abjad Unter Abjad versteht man eine Konsonantenschrift, also eine Schrift, die komplett oder größtenteils auf Vokale verzichtet, wie beispielsweise die hebräische oder arabische Schrift.

Abugida Eine Abugida (vom Amharischen አቡጊዳ) ist ein Alphabet, das nicht nach Buchstaben, sondern nach Silben sortiert ist. Die Vokale werden dabei durch Modifikationen des Grundzeichens, beispielsweise durch → Diakritika, angedeutet. Bekannte Beispiele für Abugidas sind die indischen Schriften und die äthiopische Schrift.

Code Bei einem Code wird jedem Zeichen eines Zeichenvorrats – wie dem Buchstaben O in unserem lateinischen Alphabet – eindeutig ein Zeichen oder eine Zeichenfolge aus einem anderen Zeichenvorrat zugeordnet – wie die Zeichenfolge - - - im Morsealphabet. Die Zeichen unterliegen syntaktischen, semantischen und pragmatischen Regeln. Dadurch können Informationen übermittelt werden. Neben dem Morsecode gibt es zum Beispiel auch das Flaggenalphabet.

Determinativ In antiken Schriftsystemen wie den ägyptischen Hieroglyphen oder der Keilschrift dienen Determinative als stumme Zusatz- oder Deutzeichen, die eine Begriffsklasse kennzeichnen (z. B. Götternamen, Städte). Es können aber auch Homonyme, also Wörter, die für mehrere Bedeutungen stehen, z. B. „Bank“, durch Determinative unterschieden werden. Dadurch wird die Bedeutung eines Zeichens spezifiziert. In der Keilschrift stehen Determinative meist am Wortanfang, bei den Hieroglyphen meist am Wortende.

Diakritika Kleine Zeichen – Häkchen, Striche, Punkte, usw. –, die über, unter oder neben einem Buchstaben stehen. Ein Diakritikum steht selbst für keinen Sprachlaut, es kann aber mit einem primären Schriftzeichen wie einem Buchstaben kombiniert werden (z. B. é). Dadurch kann es die Betonung oder die genaue Aussprache anzeigen. Als Beispiele im deutschen Alphabet dienen die Umlaut-Punkte bei ä, ö und ü.

Ideogramm Ein Ideogramm ist ein Zeichen, das im Gegensatz zum → Piktogramm nicht für einen konkreten Gegenstand, sondern für eine Idee steht. Zum Beispiel steht das Ideogramm ♥ für die Idee „Liebe“ oder „Like“. Ideogramme stehen nicht für Laute. So kann das gleiche Zeichen ♥ ganz unterschiedlich ausgesprochen werden: Herz, Heart, Cœur, Corazón, etc.
Auch das Eurozeichen „€“ ist ein Ideogramm, da es für den Euro steht, diesen aber nicht grafisch abbildet.

Internationales Phonetisches Alphabet (IPA) 1886 trug Otto Jespersen (1860–1943) die Idee vor, ein phonetisches Alphabet aufzustellen. Bereits zwei Jahre später wurde die erste Version des Internationalen Phonetischen Alphabets (IPA) veröffentlicht. Im Internationalen Phonetischen Alphabet lassen sich die Laute sämtlicher Sprachen als Lautzeichen bzw. Lautfolgen darstellen. Es wird daher in den meisten Lexika als Aussprachehilfe verwendet. Das IPA ist das heute am weitesten verbreitete Lautschriftsystem weltweit. Du kannst dir online auch anhören, wie jedes Zeichen bzw. jeder Laut klingt.

Logogramm Bei einem Logogramm steht ein Zeichen im Gegensatz zum Phonogramm nicht für einen Laut, sondern für ein Wort oder eine bedeutungstragende Einheit eines Wortes (Lexem). Beispiele für Schriften, bei denen ein Zeichen einem Wort entspricht, sind die chinesische Hanzi, die japanischen Kanji-Zeichen oder auch die Keilschrift und die Hieroglyphen.

Piktogramm Ein Piktogramm ist ein Bildzeichen, es steht also für einen konkreten Gegenstand. So steht das Zeichen 🚲 für „Fahrrad“. Es kann aber auch – als → Ideogramm – für „Fahrradweg“ oder „Fahrradfahrer“ stehen.
Die chinesische Schrift entwickelte sich aus Piktogrammen. Auch Emojis wie der bekannte Smiley ☺ sind Piktogramme.

Rebus Ein Rebus ist ein Bilderrätsel, bei dem aus einer Reihe von Bildern und Zeichen wie (durchgestrichenen) Buchstaben und Ziffern ein Wort erraten werden soll, das inhaltlich nichts mit den dargestellten Dingen zu tun hat. Dieses Prinzip findet sich in vielen logografischen Schriften wie dem Chinesischen, also Schriften, die auf Wortzeichen basieren. Hier werden bekannte Zeichen kombiniert, die ähnlich klingen wie das neue fremde Wort.

Silbenzeichen Ein Silbenzeichen (Syllabogramm) ist ein Schriftzeichen, das eine ganze Silbe darstellt. Das japanische Katakana-Zeichen カ steht z. B. für die Silbe „ka“. In einer Silbenschrift werden ausschließlich oder überwiegend Silbenzeichen zu einem Syllabar ähnlich einem Alphabet zusammengefasst. Daraus entsteht ein Schriftsystem, das auf Silben basiert, wie zum Beispiel die Linearschrift B, die vom 15. bis zum 12. Jh. v. Chr. in Griechenland verwendet wurde.

Unicode Unicode ist ein von der internationalen Standardisierungs-Organisation (ISO) genormtes System zur Kodierung von Textzeichen auf dem Computer (und damit auch auf Smartphones). Dabei wird jedem Schriftzeichen oder Textelement aller bekannten Schriftkulturen und Zeichensysteme ein digitaler Code, im Prinzip eine fortlaufende Nummer, zugewiesen. Dadurch soll erreicht werden, dass jedes Land und jeder Kulturkreis auf dieselben Codes zugreifen kann und inkompatible Kodierungen beseitigt werden. Unicode wird ständig um weitere Zeichen ergänzt. Die aktuelle Version 12.0 von 2019 deckt genau 150 Schriftsysteme mit 137 929 Zeichen ab.

Zeichen Ein Zeichen ist eine optische, akustische oder digitale Einheit, die auf etwas anderes hinweist, für etwas anderes steht. Darunter können Schriftzeichen, aber auch Gesten, Gebärden und Laute verstanden werden.

ÜBER DEN AUTOR

Vitali Konstantinov, geboren 1963 bei Odessa in der UdSSR, lebt als freier Künstler, Illustrator, Comiczeichner und Autor in Deutschland. Seit 1999 arbeitet er für deutsche und internationale Verlage in den Bereichen Fiction und Non-Fiction für Kinder und Erwachsene. Seine Werke wurden in 35 Ländern veröffentlicht. Er war Dozent für Illustration, Comic und Zeichnen an diversen deutschen Kunsthochschulen sowie 2017 Gastprofessor in Visual Narrative an der Lebanese American University in Beirut, Libanon, und gibt Sommerkurse und Workshops für Illustration und Comic im In- und Ausland. Für seine Werke erhielt er zahlreiche Auszeichnungen und Einladungen zu internationalen Illustrationsausstellungen. Mehr unter: www.vitali-konstantinov.de

4. Auflage 2022

Copyright © 2019 Gerstenberg Verlag, Hildesheim
Alle Rechte vorbehalten
Text und Illustration: © Vitali Konstantinov, Marburg,
nach einer Idee und in Zusammenarbeit mit Agentur Susanne Koppe, Hamburg
www.auserlesen-ausgezeichnet.de
Fachliche Durchsicht: Prof. Johannes Bergerhausen, Köln
Litho: Schwab Scantechnik, Göttingen
Druck: Livonia Print, Riga
Printed in Latvia
www.gerstenberg-verlag.de

ISBN 978-3-8369-5943-8